公の図書館の
日仏比較

――公立が公共ではなくなるとき――

薬師院　はるみ

公人の友社

目次

I　みんなに本を。どこでも・だれでも・どんな本でも……5

1　遅れています日本の図書館……9

2　〈アングロサクソンかぶれ〉からの出発……13

II　いつどれだけ何のために開くのか……18

1　フランスの場合……20
フランスは「図書館発展途上国」？　20
もっと開こう！　24
よりよく開こう！　26
けれども、日曜日には働きたくない　29

2　日本の場合……35
「図書館をもっと開く」議論のきっかけ　35
外部委託による年中無休・夜間開館　38
足立区の場合　43
週休二日制と三ない主義　46
開館時間の延長と図書館職員の非正規化　50

目次

Ⅲ　地方分権下での公共図書館政策 …………………………55

1　フランスの場合 ……………………………………59
地方分権と地方分散　*59*
地域拠点図書館　*62*
図書館法　*66*

2　日本の場合 …………………………………………70
地方分権に伴う規制の「緩和」　*70*
各地域の自助努力による図書館振興　*74*
「勧告的立法」としての「図書館法」　*78*
「定番の物語」がもたらしたザル法礼賛論　*84*

Ⅳ　どこでも、だれでも、どんな本でも、
　　みんなの手に届くものにするために ………………90

I
みんなに本を。
どこでも・だれでも・どんな本でも

　みんなに本を。日本図書館協会による初めての図書館白書[1]の題名には、この標語が採用された。今から50年以上前に出されたこの白書には、本文中にも、次のように記されていた。

> "どこでも・だれでも・どんな本でも" これは、いまわが国の公共図書館が共通の目標としているものです。どこに住んでいる人でも、子どもでも老人でも、そして読みたいと思うものはどんな本でも読むことができるように、国をおおう図書館のサービス網を目標としているのです。

　「みんなに本を」届けること、「どこでも・だれでも・どんな本でも」届けることは、公共の図書館が何よりもまず実現すべき役割である。この役割を確実に実現させるため、換言すれば、経済の論理に巻き込まれないようにするために、公共図書館は、「公共」に委ねるべきなのである。民主主義社会であるかぎり、この原則が変わることはない。ユネスコ公共図書館宣言[2]に「建設的に参加して民主主義を

＊本稿におけるインターネット情報の最終アクセス日は、全て2025年1月19日である。
1) 日本図書館協会編『みんなに本を：図書館白書1972』日本図書館協会, 1972.
2) 長倉美恵子, 永田治樹訳「ユネスコ公共図書館宣言2022」『図書館雑誌』Vol.117, No.6, 2023.6, p.347-349.

発展させることは、十分な教育が受けられ、知識、思想、文化および情報に自由かつ無制限に接し得ることにかかっている」と明記されていることは、ここで改めて指摘する必要もないであろう。

　たしかに今日、公共図書館が「みんなに」届けるべき資料は「本」だけに留まらない。また、本か否かに関わらず、文字や紙の資料だけを届ければよいというわけでもない。さらに言えば、資料そのものだけを届けていれば、それでよいというわけでもない。どのような種類のものであれ、図書館資料を利用するには、そのための能力や機会、環境といった要素も欠かせないからである。とはいえ、公共の図書館が担うべき責務の本質までもが変わったというわけではない。公共図書館が果たすべき最も重要な役割は、記録された情報、ひいてはそれを通じて得られる知識や思想や文化などを公共のもの、すなわち、みんなの手に届くものにすることである。だからこそ、「国をおおう図書館のサービス網」を築くという目標が掲げられていたのであろう。

　しかしながら、この目標は、それから半世紀以上が経過した現在でもまるで達成されていない。それどころか、すでに放棄されてしまったかのようでもある。実際、各地では、公共図書館の縮小再編計画が相次いで公表されている。のみならず、「わが国の公共図書館」は、「共通の目標」を見失って迷走しているかのようでもある。「地域の情報拠点」、「地域の課題解決」、「地域活性化」、「地域再生」、「まちづくり」、「にぎわい創出」、あるいは、「(家庭や職場とは異なる)第三の場」など、時流に乗った新しい役割が次々と持ち出されている。図書館に対する見方を変えるべきだと喧伝されているのである。たしかにこれらは、どれも一見すると、知識や文化や情報などがみんなの手に届くものにするための手段であるかのようにも思われよう。しかし実態は必ずしもそうではない。

　例えば、2014年に国立国会図書館から提出された報告書[3]にも、その背景事情が明示されている。同報告書によれば、今後は「現存する公共サービスも、それぞれの存在意義を地域に対ししっかりと示していかなければ、……生き残れな

---

3) 国立国会図書館関西館図書館協力課編『地域活性化志向の公共図書館における経営に関する調査研究』2014.

い可能性も十分に考えうる」ということである。「このような状況に対し図書館は、自らのレゾンデートルを明確にすべきであるし、また強くアピールしていく必要がある」という。「公共図書館が……整理の対象」とならないためにも、「地域において、真に必要な公共サービスとして周囲から認められることが必要」というわけである。そうであるなら、次々と持ち出されている目新しい役割は、「真に必要な」ものというよりは、必要と「周囲から認められる」ための旗印に過ぎないとも言えるであろう。そして現在、すでに「公共図書館が……整理の対象」となりつつあることについては、上述の通りである。

それにしても、なぜ日本では、半世紀以上も前に立てた目標、すなわち、みんなに知識、思想、文化、そして情報を届けるという公共図書館としてごく当たり前の目標を、未だに達成できないでいるのだろうか。それどころか、なぜ近年の動向は、それに逆行するかのような事態となっているのだろうか。そもそも日本の公共図書館は、知識や情報などをみんなに届けるための制度を築こうとしてきたのだろうか。

終戦後の日本では、自由主義と地方分権を旨とする、いわばアメリカ型民主主義が理想とされてきた。そのためか、自由を無条件に賞賛したり地方分権と民主主義とを混同したりする特有の傾向が認められる。とはいえ、図書館の世界ほど、この傾向が著しい領域は珍しいのではないかと思う。いわゆる〈上から〉の政策と圧政を、あるいは、規制と束縛を同一視しているとしか思えないということである。この種の誤解ないし思い込みは、すでに半世紀以上も前から強固に存在する。実際、日本の図書館界では、発展を自助努力で勝ち取るという発想ばかりが支持されてきた。以上の事実については、2020年の拙稿『公共図書館が消滅する日』[4]でも明らかにした通りである。

本稿の目的は、この事態を別の角度からより明確に把握することである。この目的の下、本稿では、フランスの公読書（lecture publique）政策やそれをめぐる出来事を比較対象として取り上げる。というのも日本とは対照的にフランスでは、

---

4) 薬師院仁志, 薬師院はるみ『公共図書館が消滅する日』牧野出版, 2020.

中央集権的な政策により図書館の民主化と平等化を進めてきたからである。中でも、日曜、祝日、あるいは夜間開館など、時間や日数等の点で「図書館をもっと開く」ためになされてきた実践に焦点をあてることにする。なお、公読書とは、フランスの公共図書館が担うべき最も重要な役割の一つとされているものである。

　日本と同様にフランスでも、自国の図書館が諸外国、とりわけアングロサクソン諸国に比べて遅れていると言われ続けてきた。また、現在フランスでは、公読書に地域間格差が存在すること、みんなに行き渡っていないことが大きく問題視されている。ただし、本稿でも確認するように、フランスにおける公読書政策、中でも図書館に対する政策やそれに対する図書館員の反応は、その良し悪しはともかくとして、日本におけるそれらとは、さまざまな点で対照的なものとなっている。

I　みんなに本を。どこでも・だれでも・どんな本でも

1　遅れています日本の図書館

　1972年4月30日の『朝日新聞』には、「遅れています日本の図書館」という見出しの記事[5]が掲載されている。同年はユネスコ主唱による国際図書年にあたる年であり、その呼びかけの言葉として「みんなに本を books for all」が採用された。それに合わせ、日本図書館協会からは初めての図書館白書が発行され、その題名にこの言葉が付けられた。本稿の冒頭でも取り上げた白書である。なお、同日は協会が定めた図書館記念日[6]の第1回目であった。そして、上記『朝日新聞』の記事は、その日に合わせて白書の内容を紹介する形で報じられたものである。

　記事の見出しにもあるように、この白書には、当時の日本の図書館が諸外国と比較して様々な側面で非常に「遅れて」いた状況が詳述されている。とりわけ問題視されているのが、いわゆる全域サービスについてである。白書によれば、当時の東京23区における人口あたりの図書館数は、ニューヨークの3分の1、また、ロンドンの6分の1に過ぎなかった。「ところが、国際的にはこれだけ見劣りがする東京も、国内に目を転ずるとずば抜けていい方」だったということである。白書にもあるように、日本の人々は「図書館を利用しないのではなく、利用しようにも図書館がなかった」というわけである。

　この状況下、1972年に発行されたこの白書には、「子どもでも老人でも、そして読みたいと思うものはどんな本でも読むことができるように、国をおおう図書館のサービス網を目標としているのです」と記されていた。この点については、すでに確認したとおりである。

---

[5]「遅れています日本の図書館：蔵書 米の1/3 貸出し 英の1/45」『朝日新聞』1972.4.30.
[6] 1971年11月の全国図書館大会で決定された。「図書館法」が1950年4月30日に制定されたことによる。なお、それまで日本の図書館記念日は、1931年に帝国図書館長の松本喜一が昭和天皇に図書館について「御進講」した4月2日と定められていた。旧図書館記念日の第1回目は1933年である。
　奥泉和久編『近代日本公共図書館年表：1867〜2005』日本図書館協会, 2009.

1　遅れています日本の図書館

　それから50年間、日本の公共図書館は、たしかに館数のみに関しては、増加の一途を辿ってきた。日本図書館協会による年刊の統計書[7]を白書が発行された1972年から順に確認してみたのだが、2021年までの50年間、減少がみられたのは2013年から2014年にかけての計2館[8]のみであった。いうまでもなく図書館数は、「"どこでも・だれでも・どんな本でも"……読むことができるように」するための条件整備の度合を示す一指標となるものである。

　しかしながら、この度合を示すその他の指標、例えば、資料費予算額や専任職員数に関しては、1990年代後半頃まで増加傾向にあったものの、その後はどちらも減少傾向が続いている。資料費予算額に関しては、公共図書館全体では1998年、1館あたりでは1996年をピークに減少傾向が続いている。その結果、2021年の1館あたりの資料費予算額はピーク時の半分近くにまで減っている[9]。

　専任職員数も、1998年をピークに減少が止まらない。公共図書館全体でその後増加がみられたのは、2000年から2001年にかけての計71名のみであった。その結果、2021年の専任職員数は、公共図書館全体ではピーク時の約6割にまで減っている[10]。1館あたりでは、最も多かった1981年の4割以下となっている[11]。それに代わって増えているのがいわゆる非正規職員である。フランスとは異なり、日本では非正規問題が貧困問題に直結する。日本において、公共図書館における非正規職員はいわゆる官製ワーキングプアーの代表的存在とみなされるまでになっている。要するに、日本の場合、「みんなに本を」届けるための条件整備という面で、順調に向上を続けてきたのは館数のみだったといっても過言ではないのである。

　ところが、日本では、その館数に関しても未だに充分な状況とは言い難い。それどころか、日本の町村では、2023年現在でも図書館設置率が6割以下、村だ

---

[7]『日本の図書館』。1973年と1974年は合冊となっている。また、平成元年に相当する1989年版より副題が加わり『日本の図書館：統計と名簿』となっている。
[8] 町村立が5館増えたが市区立が7館減ったことで全体として2館減少している。
[9] $8{,}187{,}741$（2021年の値：円）$\div 14{,}587{,}101$（1996年の値：円）$\times 100 = 56.130\cdots$（%）
[10] $9{,}459$（2021年の値：人）$\div 15{,}535$（1998年の値：人）$\times 100 = 60.888\cdots$（%）
[11] 2.85（2021年の値：人）$\div 7.4$（1981年の値：人）$\times 100 = 38.513\cdots$（%）

けだと 3 割となっている。図書館が設置されている市町村でも、徒歩圏内に図書館を持たない人は数えきれないほど存在する。いずれにせよ、「国をおおう図書館のサービス網」を築くという目標は、現在でもまるで達成されていない。この状況下、日本の図書館は、唯一増加を続けてきた館数に関しても、未だに世界から大きく「遅れ」たままとなっている。

実際、2018 年に山本が調べたところ[12]によれば、当時の日本における人口あたりの公共図書館数は OECD28 カ国中最低レベルの 26 位であったという。当時の OECD 加盟国は 35 カ国だが、数値が得られたのが計 28 カ国だったというわけである。山本と同じ手法を用いて 2023 年の値を求めてみたところ、同年現在における OECD 加盟国 38 カ国の内、公共図書館数が確認できたのは 36 カ国で、そのうち日本は 31 位であった。

以上のような状況であるにもかかわらず、最近の日本では、公共図書館数の増加にまで翳りが見え始めている。例えば、日本図書館協会による『図書館年鑑』の 2016 年版[13]には、「県立図書館においては、複数館設置していたものを 1〜2 館に統合する動きが見られる」と記されている。2021 年には、「愛知県常滑市の市立図書館本館が老朽化のため九月三十日に閉館し」[14]たのだが、この事態は、「まちの図書館が消える」との見出しの下、『中日新聞』の社説[15]や地元の東海テレビ[16]でも大きく報じられた。2022 年版の『日本の図書館』[17]には、2021 年から 2022 年にかけて日本の公共図書館は、10 館減少したことが記録されていた。

名古屋市[18]や豊中市[19]など、同一市内の図書館網を全体として大きく縮小再編する動きも各地で見られるようになっている。いずれも 2014 年 4 月に総務大

---

12) 山本昭和「世界の図書館統計：日本のランキング」『談論風発』Vol.12, No.3, 2018.3, p.10-11.
13) 日本図書館協会図書館年鑑編集委員会編『図書館年鑑 2016』日本図書館協会, 2016.
14) 成田嵩憲「公共図書館 消滅の嘆き」『中日新聞』2021.10.4.
15)「まちの図書館が消える 週のはじめに考える」『中日新聞』2020.11.22.
16) 東海テレビ「まちの図書館が消える!? 常滑の市立図書館が今月末閉館」『ニュース One』2021.9.22.
17) 日本図書館協会図書館調査事業委員会編『日本の図書館：統計と名簿 2022』日本図書館協会, 2023.
18) 薬師院はるみ「なごやアクティブ・ライブラリー構想：名称に隠された実像と背景事情」『金城学院大学論集 人文科学編』Vol.19, No.2, 2023.3, p.208-220.
19) 安達みのり, 脇谷邦子「歩いていける「地域の図書館」の存続を求めて：豊中市民の取り組み」『みんなの図書館』No.554, 2023.6, p.10-17.

臣通知という形で要請された公共施設等総合管理計画[20)][21)]に基づくものである。ということは、公共図書館を縮小再編する動きは、今後他の市町村にも拡大していくことが予想される。実際、2024年に森下が述べているところ[22)]によると、同「年3月、東京都清瀬市議会は図書館設置条例を改定し……市立図書館6館のうち4館を廃止する」ことを「きめた」という。のみならず、「公共図書館の縮小、再編は……多摩地域だけでも町田市、狛江市、小平市などにもその動きがある」ということである。

---

20) 総務大臣「公共施設等の総合的かつ計画的な管理の推進について」(総財務第74号) 2014.4.22.
21) 総務省「公共施設等総合管理計画の策定にあたっての指針」(総財務第75号別添) 2014.4.22.
22) 森下芳則「アドボカシーを考える：図書館の現場から」『みんなの図書館』No.566, 2024.6, p.11-20.

2 〈アングロサクソンかぶれ〉からの出発

ところで、日本と同様にフランスも、諸外国の実情を引き合いに図書館の「遅れ」を取り戻そうとしてきた国の1つである。フランスでは、遅くとも20世紀初頭より同国の図書館が諸外国、とりわけアングロサクソン諸国に比べて「遅れて」いると言われ続けてきた。この事態は、後に「アングロサクソンかぶれ」と皮肉られるほどであった[23]。

例えば、1908年にモレルは、英米ではその半世紀前に実施され、すでに大成功を収めている取り組みを、フランスでも開始すべきであると主張した。読書を、道路やガス灯等と同様の公共サービスとする取り組みである[24]。この考えの下でモレルは、公共図書館を表す英語「public library」に準えた「librairie publique」という用語を掲げ、英米流の公共図書館の概念をフランスに導入しようと試みた[25]ことで知られている。

モレルは「公読書の父」と呼ばれていることもあるのだが[26]、実際その後のフランスでは公読書と総称される考えが広まっていく。ただし、その背景にも米国の影響があったと見なすのが通例となっている。その際にしばしば例示されるのが、第一次世界大戦後に創設された図書館や図書館学校、具体的には、エーヌ県の5つの図書館、パリで創設された「楽しいひと時（Heure joyeuse）」という名の図書館、そして、パリの図書館学校である。エーヌ県の5館は、戦災地復興米国委員会（Comité américain pour les régions dévastées）による活動の一環とし

---

23) Noë Richter, *La Lecture & ses institutions : la lecture publique 1919-1989*. Plein Chant, 1989.
24) Eugène Morel, *Bibliothèques : essai sur le développement des bibliothèques publiques et de la librairie dans les deux mondes, Tome 2*. Mercure de France, 1908.
25) Eugène Morel, *La librairie publique : quel pédant inventa le mot BIBLIOTHÈQUE laissant le mot français Librairie aux Anglais?*. Armand Colin, 1910.
26) Alexia Martin, *La bibliothéconomie américaine en France*. Université d'Angers, 2019.

て米国の公共図書館を模範に設置された。「楽しいひと時」は、ニューヨークの篤志団体である児童図書館図書委員会（Book Committee on Children's Libraries）による後援の下、フランス初の児童図書館として創設された。そして、パリの図書館学校は、戦災地復興米国委員会からの資金援助を受け、米国図書館協会（American Library Association）も関わる形で創設された[27)][28)][29)]。

とはいえ、それらはいずれも限定的なものであった。同様の取り組みが各地で展開されるに至ったわけでもないということである。それどころか1948年の官書報告[30)]には、1945年初めの時点におけるフランスの公読書に関する状況は外国を驚かせ、同時に、フランスの全図書館員を落胆させるものであったと記されている。フランスの図書館は世界で最も豊かな蔵書を所有しているが、一般の人々がそれらを手にすることは世界で最も難しい状態にあったという。

その後もフランスでは、自国の図書館が諸外国、とりわけアングロサクソン諸国に比べて大きく「遅れて」いる事態が、何度も指摘されてきた。例えば、フランス図書館員協会[31)]による機関誌でも、1965年、1979年、1980年と、少なくとも3度にわたって、自国の図書館が諸外国に比べて非常に「遅れて」いると訴えている記事が見つかった。それらの内、1965年の記事[32)]では、パリの市立図書館がロンドン及びニューヨークの公共図書館と比較されており、この比較を通じて、フランスの公共図書館が英米に比べて非常に「遅れて」いる状況が示されていた。1979年の記事[33)]でも、フランスは公共図書館の領域でアメリカよりも1世紀「遅れて」いると訴えられていた。この記事において、こうした事態は、

---

27) Anne-Marie Bertrand, *Bibliothèque publique et public library*. Presses de l'enssib, 2010.
28) Martine Poulain, *Histoire des bibliothèques françaises IV : les bibliothèques au XXe siècle 1914-1990*. Éd. du Cercle de la librairie, 1992.
29) ただし、これらの事例に触れている文献は他にも多数存在する。
30) Direction de la Documentation, *La lecture publique en France : aperçu historique, projets, realisations en cours*. La Documentation française, 1948.
31) Association des bibliothécaires français : ABF。ただし、2006年に協会名を Association des bibliothécaires de France（下線は筆者による）に変更した。
32) Jean Hassenforder, "Tribune libre : perspectives d'avenir," *Bulletin d'information de l'ABF*. No.46, 1965, p.13-20.
33) Jacqueline Gascuel, "Avant-propos," *Bulletin d'information de l'ABF*. No.103, 1979, p.77-78.

モレルを読み返しているような苛立ちを感じるものであると表現されている。また、1980 の記事[34]には、「アングロサクソンの同業者に追いつくのに、あと何世紀かかるのか」と嘆く記載が残されていた。

ところが、それから 40 年以上が経った現在、フランスの図書館は、少なくとも館数という点に関しては、並外れて充実した状況を対外的に誇るまでになっている。人口あたりに換算すると、フランスの公共図書館数は日本の 9 倍以上という計算になる。フランスの公共図書館に関しては、2021 年まで、文化遺産法典 R310-5 条に従った統計報告書が毎年公表されていた。2012 年公表の 2010 年版、すなわち、2010 年の状況を示した報告書より 2021 年公表の 2018 年版までの計 9 冊[35]が、同条に従って作成されたということである。それらにおいて、フランスの公読書組織網が充実していることを誇る記述は 2014 年版以降の全版に掲載されていた。なお、フランスにおいて「図書館（bibliothèque）」という用語は、職員数や予算額等の諸基準を満たす施設にのみ使用されることもあるのだが、上記統計報告書によれば、2018 年の時点で、その基準を満たす施設だけでも 8,100 館、満たさないものも含めれば合計 16,500 館の施設が存在したということである。

その結果、2021 年の国民議会による報告書[36]に記されているところによれば、フランスの人々は平均すると、それぞれそれらの施設から 20 分以内のところに住んでいる計算になるという。しかしながら、これはあくまでも平均であり、実際には、公共図書館の存在しないコミューンが、まだ多く残されている。なお、コミューンとは行政区画の最小単位で、日本の市町村に相当するものである。こ

---

[34] Jacqueline Gascuel, "Réflexions incongrues à propos de quelques chiffres ou le triomphe des grands nombres," *Bulletin d'information de l'ABF*. Vol.107, 1980, p.11-13.
[35] Observatoire de la lecture publique, *Bibliothèques municipales*. Ministère de la Culture et de la Communication.
2014 年版より、タイトルは *Bibliothèques municipales et intercommunales* に変更された。また、2017 年に文化通信省が文化省に改組されたことに伴い、同年公表の 2015 年版より出版者も Ministère de la Culture に変更された。
[36] Aurore Bergé, Sylvie Tolmont, *Mission « flash » sur les suites données au rapport Orsenna-Corbin sur les bibliothèques*. Commission des Affaires Culturelles et de l'Éducation, Assemblée nationale, 2021.

の状況下、フランスでは、公読書がみんなに行き渡っていないことが、現在でも大きく問題視されているのである。

　その背景として、フランスのコミューンはその数が極端に多く、概して規模が非常に小さいという事情を指摘することができる。年々減少してはいるのだが、現在でも日本の市町村の約20倍存在する。2023年の報告書[37]には、同年1月1日時点におけるフランスのコミューン数は、合計34,945と記録されている。その内、93.7％が人口5千人未満、52.5％が人口500人未満である。小規模コミューンの多くでは、自らの力のみによる図書館の設置や維持が難しい。それらの中には、ボランティアに大きく依存する形で運営されているところも多い。以上の事態は、上記基準を満たさない図書館が多い主な要因となっている。

　こうした背景事情の下、フランスでは、海外県も含むすべての県に貸出中央図書館（bibliothèque centrale de prêt）と呼ばれる国立の図書館が設けられた。各県に貸出中央図書館を設置する決定がなされたのは1945年11月[38]、ドゴール（Charles de Gaulle）臨時政府の時代のことである。この図書館が、自らの財政力では図書館を設置したり維持したりすることが困難なコミューンの住民に本を届け、それぞれ当該県の全域で公読書を推進しようというわけである。この図書館は、館内での直接サービスは行わない。そうではなく、図書館のない地域に巡回用バスで本を届けたり、図書館ボランティアを養成したり、あるいは、非都市部の小規模図書館を支援するなど、あくまでも、当該県の図書館サービスを支えたり、図書館サービスの平等性を確保するための活動を担ってきたのである。

　その後、貸出中央図書館は、1980年代より開始された地方分権政策の下、1986年よりそれぞれ県議会の管轄下に置かれることになり、法律上の呼称も、1992年には県立貸出図書館（bibliothèque départementale de prêt）と変更された。2017年には文化遺産法典L330-1条が創設され、以後、この図書館は、県の図書館（bibliothèque départementale）と呼ばれることとなった。それでも、今日に

---

[37] *Les collectivités locales en chiffres 2023*. Direction générale des collectivités locales, 2023.
[38] Ordonnance n° 45-2678 du 2 novembre 1945 créant une bibliothèque centrale de prêt dans certains départements.

至るまで、フランスにおける小規模コミューンの図書館は、県の図書館による支援を受け、同館を中心とする公読書活動のネットワークに組み込まれる形で運営されている。なお、上記文化遺産法典L330-1条は2021年に修正され、県はこの図書館の廃止はもちろん、維持や運営を中断することも禁じる規定が加えられた[39]。

---

39) 2016年6月1日付で、イヴリーヌ（Yvelines）県の県立貸出図書館が廃止されたことが、この規定創設の一背景となっている。

II
いつどれだけ何のために開くのか

　もちろん公共図書館は数が多ければそれでいいというわけでは決してない。「みんなに本を」届けるために充足すべき要件は他にいくつもある。例えば先にも触れたように、資料費の予算額や専任職員の人数などもそれらの要件に含まれよう。開館する曜日や時間帯なども、当該地域住民の習慣や事情に合わせて設定する必要があるだろう。実際日本の場合、今や日曜日に閉まっている公共図書館を見つける方が難しい。2021年度『社会教育調査』によると、この時点で、すでに95.1％の公共図書館が日曜開館を実施していたということである。

　それに対してフランスでは、人々が来館可能もしくは来館を希望する曜日ないし時間帯に図書館が閉まっている傾向にあることが大きな問題となっている。というのも、比較的最近にいたるまで、フランスの図書館は、通常は日曜日には開かないことが慣例となっていたからである。開館時間数にしても、1館あたりに換算すると極めて短くなる。

　この状況を改善すべく、フランスでは数年前より「図書館をもっと開く」ための政策が国家主導で進められているのだが、実施を試みた地域、とりわけ、日曜開館を実施しようとしたほとんどの地域では、デモや反対運動が展開されている。日曜開館の実現には、当然ながら、そのための労働が伴うからである。日曜労働に対しては、そのための手当が支給されたり、割増した振替休暇が認められたりしているのだが、それでもこの運動は、しばしばストライキにまで発展している。

　一方、日本の場合、個別具体的な例外はどこかにあったのかもしれないが、日

曜開館の実施にあたって、ストや大規模な反対運動が展開されたという形跡はみあたらない。そもそも日本の場合、日曜開館は、国家主導で進められたわけでもなく、また、通常は日曜勤務に対する手当が支給されるわけでもない。要するに、この問題をめぐる状況も、その良し悪しはともかくとして、日本とフランスではまるで対照的なのである。

1　フランスの場合

フランスは「図書館発展途上国」？

　フランスの報道機関フィガロやヌーベル・オブスのサイトでは、いずれも2014年1月9日付の記事において、図書館をもっと開くよう訴える署名運動が開始されたと報じている[40][41]。同年3月の全国一斉市町村議会議員選挙を意識したものである。国境なき図書館という名の非政府組織が始めた運動で、呼びかけ人には、アカデミー・フランセーズ会員のオルセンナ（Erik Orsenna）やオリー（Pascal Ory）をはじめ、著名な作家や学者、ジャーナリスト、元フランス代表サッカー選手など、錚々たる顔触れが名を連ねている。なお、アカデミー・フランセーズとは、フランス語に確固とした規則性を与え、芸術や学術を純粋かつ雄弁に扱える水準に保つことを目的に、17世紀に創設された学術文化団体である[42]。ともあれ、最終的に14,000名以上からの署名が集まり、文化担当大臣をはじめ関係各大臣や、各政党の候補者などに陳情書が提出された[43]。国境なき図書館の創設者で、同組織の代表を勤めるヴェイユ（Patrick Weil）がラジオ局ウロップ1（Europe 1）の放送[44]で訴えたところによれば、開館時間数という点に関して、フランスは図書館発展途上国（pays en voie de développement）であるという。

　実際、それ以前よりフランスでは、1館あたりの図書館開館時間数が、周辺諸外国と比較して短いことや、多くの図書館において日曜日は閉館となっていることが問題視されていた。そのため図書館総監督局（Inspection générale des

---

40) Blandine Le Cain, "Bibliothèques : ouvrir plus pour lire plus," *Le Figaro*. 2014.1.9. (Le Figaro 公式頁 <https://www.lefigaro.fr> より）
41) G.L., "Et si on ouvrait les bibliothèques la nuit," *Nouvel Obs*. 2014.1.9. (Nouvel Obs 公式頁 <https://www.nouvelobs.com> より）
42) アカデミー・フランセーズ定款第2条及び第24条より。
43) Bibliothèques sans Frontières, *Ouvrons + les bibliothèques !* (Bibliothèques sans Frontières 公式頁 <https://www.bibliosansfrontieres.org> より）

bibliothèques：IGB）も、2008年には『開館時間延長の提案』という副題の報告書[45]を、次いで2012年にも『図書館開館時間の延長：進捗と障害』と題した報告書[46]を提出している。なお、図書館総監督局は、2019年まで存在していた国の機関である[47]。高等教育担当省の管轄下に置かれていたのだが、文化担当省からの助言も受けることとなっていた。上記2つの報告書にしても、いずれもそれら両省からの諮問に対する答申という形になっている。

　ただし、それらの内2008年の報告書は、その前年、すなわち2007年に同じく図書館総監督局が提出した報告書『高等教育機関の図書館における学生の雇用』[48]で示された考えを引き継ぐものとなっている。開館時間の延長や日曜開館にあたっては、学生アルバイトを活用することが現実的で、また、当該学生にとっても有益という考えである。両報告書、すなわち、2007年および2008年の報告書には、どちらにも、執筆責任者として、当時の図書館総監督官ペラン（Georges Perrin）の名が記されている。一方、2012年の報告書にしても、開館時間の延長や日曜開館を直ちに実施するよう勧めている訳でもなく、むしろ、それらの実施に踏み切る前に調査したり、試みたりすべきことが多くあると主張している。いずれにせよ、少なくともこの時点までにおいては、世論をも巻き込んだ大きな議論にはなっていなかったものと思われる。

　しかし、本項冒頭でも述べたように、2014年には署名活動が展開されるなど、

---

44) Damien Brunon, Fabien Cazeaux, "Une pétition pour des bibliothèques ouvertes plus longtemps," *Europe 1*. 2014.1.9.（*Europe 1* 公式頁 <https://www.europe1.fr> より）
45) Georges Perrin, *Améliorer l'accueil dans les bibliothèques : propositions pour une extension des horaires d'ouverture (Rapport IGB n° 2008-001)*. Inspection générale des bibliothèques, 2008.
46) Dominique Arot, *L'extension des horaires d'ouverture des bibliothèques : progrès et obstacles (Rapport IGB n° 2012-005)*. Inspection générale des bibliothèques, 2012.
47) 2019年10月に教育・スポーツ・研究総監督局（l'inspection générale de l'Éducation, du sport et de la recherche：IGÉSR）に統合された①。革命時の没収遺産を管理する図書館を監督する目的で、1822年に創設された機関が起源となっている②。
① Décret n° 2019-1001 du 27 septembre 2019 relatif au statut particulier du corps de l'inspection générale de l'éducation, du sport et de la recherche.
② Maurice Caillet, " L'inspection générale des bibliothèques," *Bulletin des Bibliothèques de France*. No.12, 1970, p.597-608.
48) Georges Perrin, *L'Emploi des étudiants dans les bibliothèques de l'enseignement supérieur (Rapport IGB n° 2007-013)*. Inspection générale des bibliothèques, 2007.

1 フランスの場合

フランスにおいて図書館の開館時間数や日曜開館に対する問題意識が高まっていく。この状況下、同年11月には、フランス図書館員協会も、文化通信省との共同出版という形で、開館時間改善のための手引書[49]を刊行した。同じく2014年には、国立図書館情報学高等学院[50]も、『もっと開く、よりよく開く』と題した論文集[51]を出版した。なお、同論文集には、代表執筆者として、すでに図書館名誉総監督官となっていた上記ペランの名が記されている。翌2015年6月にもポンピドゥー・センター公共情報図書館が、文化通信省との共同出版という形で、地方の図書館の開館時間を最も適切なものにすることを目標に実施した調査研究の報告書[52]を提出している。

その3ヶ月前、すなわち、2015年3月には、文化担当大臣ペルラン（Fleur Pellerin）が、イル＝エ＝ヴィレーヌ県選出元老院議員ロベール（Sylvie Robert）に対して、図書館の開館時間、とりわけ日曜開館に関する問題について調査するよう依頼している。それに対して、同年8月、『公共図書館の開館時間の適正化と延長』と題した報告書[53]が提出された。なお、後述するオルセンナの報告書[54]において、ロベールによる報告書は、地方分権一般助成基金（dotation générale

---

49) Françoise Muller, Marine Rigeade, *Ouvrir grand la médiathèque : faire évoluer les horaires d'ouvertures*. Association des bibliothécaires de France, Ministère de la Culture et de la Communication, 2014.

50) École nationale supérieure des sciences de l'information et des bibliothèques : ENSSIB
1992年1月9日付行政命令①により、国立図書館職員高等学院（École nationale supérieure de bibliothécaires : ENSB）を改組する形で創設された。国立図書館職高等学院は、1963年7月12日付け行政命令②により創設されているのだが、同行政命令第2条にも記されているように、その主な目的は、図書館の上級職の採用及び教育を行うことであった。

① Décret n° 92-25 du 9 janvier 1992 relatif à l'organisation de l'Ecole nationale supérieure des sciences de l'information et des bibliothèques.

② Décret n°63-712 du 12 juillet 1963 portant création d'une école nationale supérieure de bibliothécaires.

51) Georges Perrin et al., *Ouvrir plus, ouvrir mieux : un défi pour les bibliothèques*. Presses de l'enssib, 2014.

52) Laurent Bouvier-Ajam, Dominique Cotte, *Etude d'impact sur l'optimisation des horaires d'ouverture des bibliothèques territoriales*. Bibliothèque publique d'information Centre Pompidou, Ministère de la Culture et de la Communication, 2015.

53) Sylvie Robert, *L'adaptation et l'extension des horaires d'ouverture des bibliothèques publiques*. 2015.

54) Erik Orsenna, Noël Corbin, *Voyage au pays des bibliothèques : lire aujourd'hui, lire demain*. Ministère de la Culture, 2018.

de décentralisation）を図書館の開館時間延長に使える可能性を示したことで、時代を画したと評価されている。

　この流れの中、同月に制定された通称マクロン法[55]第250条により、図書館にもいわゆる「市長の日曜日（dimanche du maire）」を設けることが可能となった。なお、同条Ⅰは、労働法典 L.3132-26 条を修正する規定、換言すれば、民間部門を対象とした規定である。同規定により、それまで年5回までに制限されていた商業施設による日曜営業の上限が、12回までに拡大されることとなった。日曜営業の可否及び日数は、各コミューン議会で協議の上、当該首長が決定することになっている。ただし、同条Ⅱにより、商業施設のみならず公共文化施設である図書館も協議の対象となることが定められたのである。

　同法制定の翌月末には、オランド（François Hollande）大統領より、図書館を日曜に開館させようとしているコミューンに対して国が財政支援を行うと告げられた[56]。そして、翌2016年には、図書館の開館時間延長に取り組もうとしているコミューンに対して、文化担当省から予算措置が講じられた。しかし、オランド大統領は、少なくとも大統領就任直前、具体的には2012年大統領選挙の時点において、日曜に休息をとるという原則を強く支持する考えを示していた[57]。そして、フランス全体としてみた場合、2016年の措置に大きな効果があったとは言い難いとの報告も提出されている[58]。

　一方、図書館員や文書館員等を対象とした専門雑誌『アルシマグ』のサイトでは、2016年5月12日付の記事[59]において、パリの図書館員がデモや署名活動等、日曜開館に反対するための運動、より正確には日曜勤務に抗議する運動を開始し

---

[55] Loi n° 2015-990 du 6 août 2015 pour la croissance, l'activité et l'égalité des chances économiques. 通称は、当時の経済・産業・デジタル大臣マクロン（Emmanuel Macron）に因む。
[56] Clémence Jost, "François Hollande annonce un coup de pouce financier de l'Etat pour leur ouverture le dimanche," *Archimag*. 2015.10.1.（Archimag 公式頁 <https://www.archimag.com> より）
[57] "« Je ne remettrai pas en cause le régime concordataire », dit François Hollande," *20minutes*. 2012.4.23.（20minutes 公式頁 <https://www.20minutes.fr> より）
[58] Observatoire de la lecture publique, *Bibliothèques municipales et intercommunales : données d'activité 2018 synthèse nationale*. Ministère de la Culture, 2021.
[59] Clémence Jost, "Les bibliothécaires parisiens manifestent contre l'ouverture le dimanche de nouveaux établissements," *Archimag*. 2016.5.12.（Archimag 公式頁 <https://www.archimag.com> より）

たと報じている。また、その後においても、日曜開館を実施しようと試みたほとんどの地域では、同様の反対運動が展開され、しばしばストライキにまで発展している。それでも、その後のフランスは、図書館を「もっと開く」ための政策を全国規模で進めていくことになるのである。

もっと開こう！

2017年の大統領選挙の際、マクロン（Emmanuel Macron）候補は公約の一つに図書館の日曜及び遅い時間帯の開館を掲げていた。大統領選を特集したル・モンド編纂の小冊子[60]には、3月14日時点で立候補が確実だった8名の公約概要が掲載されていたのだが、それによれば、それら8名の内、図書館の問題を取り挙げているのはマクロンのみであった。

先にも確認したように、図書館を「もっと開く」政策は、それ以前にも実施されていた。けれども、フランス全体としてみた場合、当時の政策に大きな効果があったとも言い難く、むしろ、それらは、時限的ないしは試験的な措置であったとみなす方が妥当であろう。以上についても、先に確認した通りである。また、少なくとも当時においては、図書館を「もっと開く」こと、中でも日曜開館に対しては、多数派からの賛同が得られていたわけでもないらしい。

この状況は、2017年3月に、国境なき図書館とフランス図書館員協会とが連盟で実施した公開質問状への回答[61]からも確認できる。翌月の大統領選挙に向けて、候補者11名に送付された、図書館に関する質問状への回答である。質問は全部で4項目設けられていたのだが、その内1つは開館日と時間についてであった。それに対して、遅い時間帯や日曜にも図書館を開く政策を実行すると明確に答えていたのは、マクロン候補のみであった。そもそも、各質問に質問者と論点を共有する形で答えていたのは、11名の内、計4名のみであった[62]。

---

60) "8 candidats 8 programmes," *Cahier du « Monde »*. No.22450, 2017.3.18, p.2-3.
61) 質問状や回答、及びそれへの解説などは、主催二団体の公式サイト（https://www.abf.asso.fr, https://www.bibliosansfrontieres.org）から閲覧した。
62) 残る7名の内、シュミナード（Jacques Cheminade）とラサール（Jean Lassalle）からの文書には、具体的な回答ではなく、形式的な返事文のみが記されていた。アスリノー（François Asselineau）から

それら4名の内、国民教育大臣の経験を持つアモン（Benoît Hamon）は、図書館に使用可能な地方分権一般助成基金の存在や新たな予算枠の必要性にも言及しながら、図書館が抱える諸問題に対して費用面での解決策を提案していた。ただし、アモンの回答には、日曜開館についての言及はみられなかった。フィヨン（François Fillon）は、開館時間の延長や日曜開館に対しては、誰もが同意しているし、また、強く望んでいるとの見解を示している。とはいえ、日曜開館には経費がかかると指摘し、それを実現する手段としては、ボランティアを活用する可能性に言及していた。対照的に、メランション（Jean-Luc Mélenchon）は、能力を持つ職員の正式な雇用を主張していた。図書館は公共サービスを継続して提供する施設であり、だからこそ応急的な人員確保を行うべきではないという。ただし、日曜労働の一般化には批判的な見解を示していた。

　それに対してマクロンの回答には、図書館の開館時間等の問題に取り組むことは、すでに公約していると記されていた。開館時間延長及び日曜開館に要する人件費に関しては国と地方公共団体との間で契約を結ぶとも書かれていた。文化大臣に「改革のための大使」を任命するよう依頼するとも記されていた。フランスの図書館開館時間数は諸外国に比べて少なく、この状況は、大きな不平等の原因になっているという。そして、この事態を改善する責任は各地方にあるものの、国にもその改善を成功させるための条件整備をする責任があるというわけである。

　以上のように、図書館を「もっと開く」こと、とりわけ日曜開館に関しては、候補者の間でも見解が異なっていた。重要課題とみなしていたのは、むしろ少数派であった。しかしながら、マクロンが当選したことで、フランスの図書館は、「もっと開く」方向へと大きく舵をきっていくことになったのである。

の文書は、回答というより大統領選に続く国民議会選挙を多分に意識した内容となっていた。そして、アルトー（Nathalie Arthaud）、プトー（Philippe Poutou）、エニャン（Nicolas Dupont-Aignan）、そしてルペン（Marine Le Pen）からは、二度に渡って質問状を届けたにも関わらず、返答がなかったということである。

1 フランスの場合

よりよく開こう！

　マクロンが大統領に就任した翌々月末、上記「改革のための大使」が早速任命された。2017年7月31日付で、文化大臣ニセン（Françoise Nyssen）により、作家かつアカデミー・フランセーズの会員であるオルセンナが、この問題に取り組むための読書大使に任命されたのである。なお、オルセンナは、2014年の国境なき図書館による請願署名においても、呼びかけ人の1人となっていたことについては、先にも触れた通りである。

　文化大臣の名の下で記された依頼文書にもあるように、今やフランスにおける公読書の組織網は、その密度の高さを誇れるまでとなっている。というのも、既述の通り、同国にはすでに16,000箇所を超える読書施設が設置されているからである。なお、公読書とは現在のフランスの公共図書館等が担うべき最も重要な役割の一つとされているものであり、また、フランスにおいて、図書館という用語は、職員数や予算額等の諸基準を満たす施設にのみ使用されていることについても、既に述べた通りである。すなわち、ここでいう読書施設には、その基準を満たさないものも少なからず含まれる。それでも、自らが所属する行政単位に読書施設がある人の割合は、すでに89％に達しているという。しかしながら、それらの施設の開館曜日及び時間帯は、人々が最も利用しやすい曜日及び時間帯に合わせて設定されているとは言い難い。そのため、大統領と首相は、図書館の日曜及び夜間開館の実現を優先事項の1つにしているというわけである。

　以上のような依頼の下、読書大使に任命されたオルセンナは、2017年9月から10月にかけて全国の図書館を巡る視察を行い、翌2018年2月にコルバン（Noël Corbin）文化総監との連名による報告書[63]を提出した。同報告書でも、フランスの読書施設は約16,500箇所にも及ぶことが確認されている。それらの施設から成る組織網の密度の高さは、郵便局のそれにも匹敵する豊かなものであるという。

　ただし注目すべきは、同報告書においては、この豊かさが、全面的に評価すべ

---

63) Erik Orsenna, Noël Corbin 2018 前掲54)

きものとはみなされていないことである。その量的な面での豊かさが、脆さをも生み出してしまったと主張されている。というのも、フランスの読書施設の中には、巨大なメディアテックがいくつも含まれている一方で、公読書の保証という役割を十分に果たせているとは言い難い施設も多く存在しているからである。それらの中には、地方公共団体が所有する建物の一室に置かれた極めて小規模なものもある。その背景として、フランスにおけるコミューンは、その数が極めて多く、約半分が人口500人未満であるという事情が指摘できることについては、先にも確認したとおりである。それらの中には、週に数時間しか開館できないでいる施設もある。

依頼文書にも記されていた上記89％という数値にしても、それを評価する態度がむしろ戒められている。というのも、この数値に満足してしまうと、残りの11％が所属する行政単位には、いまだに読書施設が存在していないという事実、とりわけ、大都市と地方の小規模自治体との間には、いまだに大きな格差が存在しているという事実を放置することに繋がるからである。例えば以上に例示したように、オルセンナによる報告書では、公読書がフランスに住むすべての人に平等に保障されていないことが大きく問題視されている。そのため、開館時間や曜日の問題だけではなく、所属する場所によって公読書の充実度に大きな格差があるという問題も、解消すべき重要な事柄とされているのである。

とはいえ、フランスにおいてこの格差の問題は、オルセンナによる報告書においてはじめて指摘されたというわけではない。例えば、図書館総監督局も2015年に「地理的な空白と不平等」という副題の報告書[64]を提出している。2017年3月には、国境なき図書館とフランス図書館員協会とが連盟で、翌月の大統領選挙候補者11名に対して図書館に関する計4問の公開質問状を送付したこと、また、その内1問が開館日と時間についてであったことは先述の通りである。ただし、残る3問は、民主主義と市民権、デジタル情報へのアクセス、そして、地域間不

---

64) Jean-Luc Gautier-Gentès, *L'équipement des communes et groupements de communes en bibliothèques : lacunes et inégalités territoriales (Rapport IGB n°2015-033)*. Inspection générale des bibliothèques, 2015.

1　フランスの場合

平等についてであった。

　ともあれ、例えば上記のような実態把握を踏まえた上で、オルセンナによる報告では、図書館を闇雲に「もっと開く」よりは、むしろ「よりよく開く」ための提案がいくつも記されている。例えば、日曜に学習をする大学生が多いことから、まずは大学図書館の日曜開館を実現すべきであると主張され、地域の図書館と大学図書館の連携が提案されている。

　なお、従来フランスの県の図書館には、当該地域の小規模図書館を支援する役割が課せられてきたことについては先述した。オルセンナの報告書では、例えば法規定などにより、この役割をさらに確実にすべきであるとの考えが示されている。実際、その後、具体的には2021年に文化遺産法典L330-1条が修正され、県の図書館による役割をより確実なものとする規定が加えられたことについては、先述の通りである。それに加え、この修正と同日付でL330-2条が創設され、県の図書館が果たすべき使命が規定された。

　なお、フランスにおいても、とりわけ地方分権政策以降、地域の図書館の振興は当該地域の役割とされている。とはいえ、その役割を果たすためには、国による支援、とりわけ経済的支援が不可欠である。オルセンナの報告書でも、この事態があらためて確認されている。加えて同報告書では、職員の労働条件を尊重することも強調されている。そして、以上のような提案を指針に、2018年よりフランスでは、図書館を「もっと開き、よりよく開く」ための全国計画が開始されたのである。

　その後、フランス文化担当省のサイトでは、「もっと図書館を開く」と題した事例集[65]が公開された。そこには、「もっと図書館を開く」ことに成功した8つの地域での事例が紹介されている。リーステール文化相（Franck Riester）による緒言によれば、これらの事例は、図書館をより開かれたものにしようと望んでいる全地域に対して、その手段を示しているということである。ここでいう手段とは、国による援助のことである。同緒言にも明記されているように、この事例集は、

---

65) Service du Livre et de la Lecture, *Ouvrir plus les bibliothèques*. Ministère de la Culture.

人口規模に関わらず、また、どのような方策を採用するかにも関わらず、フランスの全ての地域は、「もっと図書館を開く」ために国からの援助、とりわけ人件費に関わる援助が受けられることを示すためのものなのである。

　2020年7月には、元老院議員2名の名の下で、この計画に関する報告書[66]が提出された。なお、その内1名は、上記ロベールである。同報告書によれば、この時点で計343件の措置が実施され、計747館が平均して週あたり8時間半の開館時間拡大を実現したということである。計623のコミューンが関与し、約910万人のフランス人が少なくとも1館は開館時間拡大を実現した市町村に住んでいる計算になるとも記されている。助成金を人件費に充てたのは95％、その内、60％が正規公務員、36％が契約公的職員、16％が賞与や時間追加に使用したということである。翌2021年3月にも国民議会文化教育委員会から報告書[67]が提出されているのだが、それによれば、関与したコミューンは計700で、計1100万人が恩恵を受けたということである。

　以上のように、フランスでは図書館を「もっと開く」計画や、「よりよく開く」計画が着々と実施されつつある。しかし、これらの計画に対しては、主として図書館員の労働条件に関する多くの批判がよせられ、現場の図書館員を中心に反対運動も展開されている。

けれども、日曜日には働きたくない

　フランスでは、1906年の週休法制定以来、日曜は休日と法認されている。法認された休日である以上、日曜は原則として非労働日となっている。遅い時間帯や夜間にも必要不可欠な場合以外は働かない。それらは、公務員も含めて労働者全般に認められた正当な権利なのである。たしかに、この権利に対しては、当初より数々の例外が定められてきた。とはいえ、そうであるからこそフランスでは、日曜など非労働日の勤務に手厚い休日出勤手当てや日数を割増した振替代休が認

---

66) Colette Mélot, Sylvie Robert, *Rapport d'information n° 581(Sénat session extraordinaire de 2019-2020 sur l'extension des horaires d'ouverture des bibliothèques publiques)*. 2020.7.1.
67) Aurore Bergé, Sylvie Tolmont 2021 前掲 36)

められてきた。労働者が非労働日の勤務を拒否しても不利な扱いを受けないことが保証されている。当然ながら、以上の事態は、図書館員に関しても変わらない。

例えば、2018年3月に、文化省より地方に向けて、図書館の日曜開館実現のための手引書[68]が発出されている。そして同手引書でも、その第一段落目において、日曜日は家族と共に過ごし、また、家族と文化的な場所に訪れることができる曜日であることが確認されている。勿論、図書館員を含む公務員も同様である。従って、図書館員の日曜労働を違法ではないものにするのであれば、必然的に特別な補償が伴わなければならないことがあらためて確認されている。

しかしその一方で、図書館は、まさしく家族と訪れる文化的な場所の一つである。実際、2015年に実施されたアンケート調査でも、他の曜日に比べて日曜日の来訪時間が最も長いという結果が示されていたという。だからこそ、図書館を日曜に開くことが求められているのである。留意すべきは、フランスにおいて、図書館の日曜開館は、商業施設などで求められる利便性追求等とは別次元の論理で捉えられていることである。実際、この考え方は、この手引書のみならず、すでに2010年にも、フランス図書館員協会による機関誌に掲載された論考[69]で示されているのが見つかった。この論考でも、図書館を含む公共文化施設の日曜開館問題は、自由時間の商品化ではなく、公共サービスという観点から捉えることが重要と主張されている。

しかしながら、たとえそうであるにしても、図書館の日曜開館には、必然的に図書館員の日曜労働が伴うという事態が変わるわけではない。換言すれば、その図書館員は、例えば、日曜日に家族と共に過ごしたり、文化的な場所に訪れたりするなど、本来ならば当然保証されるべき権利を行使できないということになる。

それだけではない。図書館を「もっと開く」計画に対しては、そのための予算措置が不十分であることや、そのため、図書館における不安定雇用の増加を招き

---

[68] Direction générale des médias et des industries culturelles du Ministère de la Culture, *L'ouverture dominicale d'une bibliothèque (Fiche pratique)*. 2018.3.
[69] Jean-François Jacques, "Les horaires d'ouverture des bibliothèques : un service public de la culture," *Bibliothèque(s)*. Vol.53-54, 2010.12, p.33-38.

かねないことが指摘されている。2018年12月、フランスの労働組合の1つであるSUD[70]の地方公共団体を管轄する部門より、図書館員に関する小冊子[71]が作成された。なお、この小冊子は、形式上は事典の体裁が採用されている。しかしながら、その内容から判断しても、この小冊子の目的は、図書館に関する用語や出来事等を単に解説することではなく、図書館員が権利保護を主張する際の拠り所になることであると判断できる。2022年には頁数を3倍以上に増やした第2版[72]が出されている。

ともあれ、この事典でも、オルセナ報告や、図書館を「もっと開く」計画、とりわけ、日曜開館を進める計画に対する厳しい批判がなされている。「日曜労働／開館時間延長」という見出し語も設けられているのだが、そこには次のように記されている。

> 私たちは日曜日の勤務に反対です。もしも雇用主が、何が何でもそれを私たちに強要するとしても、私たちは日曜日に働くか否かの選択を、各自の自由の側に置き続けます。……

割増した振替休暇や割増賃金が保障されるべきことについても念押しされている。日本と同様にフランスでも、公共図書館には、いわゆる公務員ではない職員も多く存在しているのだが、以上の権利は、それらの職員でも同様であることが確認されている。

フランスの多くの図書館員も、日曜開館に対する大きな拒否感を示している。例えば、2018年2月のアンケート調査でも、43％の図書館員が日曜労働を断固拒否すると答えている。33％は勤務時間を延長したくないと答え、また、回答者の大部分は日曜労働には少なくとも通常の2倍の報酬を要求すると答えている。

---

70) Solidaires, unitaires, démocratiques 連帯、統一、民主主義
71) SUD Collectivités Territoriales, *Bibliothèques, un vrai travail de fourmis : petit dictionnaire militant pour les bibliothécaires, Première édition*. 2018.
72) SUD Collectivités Territoriales, *Bibliothèques, un vrai travail de fourmis : petit dictionnaire militant pour les bibliothécaires et la défense de la lecture publique, Deuxième édition*. 2022.

1　フランスの場合

3倍必要との回答さえ多くあったという[73]。

　この状況下、フランスにおいて、図書館を「もっと開く」計画に対しては、その是非や条件をめぐる抗議活動が各地において何度も展開されている。例えば、2018年3月にも、ナントの図書館職員がストを決行した。ナントでは、同年9月より毎月1回、日曜の午後に図書館を開く方針が示された。それに伴い図書館員は1人あたり年に2回のみではあるものの日曜の午後に勤務することになった。しかし、その手当として提案された代替休暇の日数や、1時間につき4.7ユーロという金額はあまりにも少なく、そもそも、日曜労働にはそのための補充人員を雇用することが必要であるという。

　このストを報じた記事[74][75][76][77]にもあるように、たしかに当時、ブレストやレンヌ、そしてパリの図書館ではすでに日曜開館が実施されていた。なお、2015年8月に、文化担当大臣からの依頼により報告書『公共図書館の開館時間の適正化と延長』を提出したロベールが、イル＝エ＝ヴィレーヌ県選出の元老院議員であることについては先述の通りであるが、レンヌはイル＝エ＝ヴィレーヌの県都である。ともあれ、レンヌを含む上記三都市では、ナントよりも以前より日曜開館が実施されていたのだが、それらの内前二都市では、その労働に対して2倍に割増した振替休暇が認められていた。また、パリでは、5時間の日曜労働に100ユーロの割増賃金が支給されていた。

　しかしながら、そのパリでも日曜労働への抵抗がなかったというわけではない。例えば、雑誌『アクチュアリテ』のサイトでは、2019年12月27日付の記事[78]

---

73) Clémence Jost, "Un tiers des bibliothécaires refuse de travailler plus tard le soir et le dimanche," *Archimag*. 2018.2.22.（Archimag 公式頁 <https://www.archimag.com> より）
74) Nicolas Gary, "Débrayage des bibliothèques à Nantes, contre l'ouverture le dimanche," *ActuaLitté*. 2018.3.24.（ActuaLitté 公式頁 <https://actualitte.com> より）
75) Antoine Denéchère, "Ouverture des bibliothèques le dimanche : grève à Nantes," *France Bleu*. 2018.3.19.（France Bleu 公式頁 <https://www.francebleu.fr> より）
76) "Les agents de la Bibliothèque Municipale débrayent," *Ouest France*. 2018.3.19.（Ouest France 公式頁 <https://www.ouest-france.fr> より）
77) なお、1時間あたりの割り増し手当として提示された額に関して、*ActuaLitté*（注74）と *France Bleu*（注75）には4.7ユーロと報じられているのだが、一方、*Ouest France*（注76）では、4.75ユーロと記されていた。
78) Cécile Mazin, "Non, les agents des bibliothèques ne veulent pas travailler le dimanche," *ActuaLitté*.

32

において、パリの図書館でのストを報じている。同記事のタイトルは、「ノン、図書館の職員は、日曜日には働きたくない」である。日刊紙『ル・パリジャン』のサイトでも、2020年2月7日付の記事[79]において、パリで日曜開館を実施している図書館全7館の内4館が、次の日曜日にストを敢行すると報じている。上述のように、パリの図書館では、日曜勤務に対して税込100ユーロの割増賃金が認められていたのだが、それでは不足であり、手取り150ユーロを要求したということである。レンヌでも2021年5月に公共施設での日曜勤務に対する補償条件の変更方針が示され、図書館員を中心に抗議活動が繰りかえされている。現行の補償条件は数年にわたる交渉で獲得した正当な既得権益であるというわけである[80]。

　それでも、フランスでは、図書館の日曜開館を実現しようとする動きが途絶えたわけでは決してない。それどころか、この状況は、コロナ感染の世界的な大流行が深刻化しつつあった2020年以降も変わらない。

　例えば、2021年1月末、民主運動（MoDem）を中心としたパリの議会内会派が、次の議会でパリの全図書館での日曜開館を要求すると発表した。同会派の主張によれば、図書館はコロナ禍でも何とか人々に開かれている他に類例をみない文化施設であり、制約を受けているパリ市民が文化や文学に接する時間を享受できる場所であるという。しかし、パリの図書館全73館の内、日曜開館が実施されているのは9館のみであり、それは少ないというわけである[81]。また『アルシマグ』のサイトでも、2021年6月17日付の記事[82]において、マクロン大統領が、図書館を「もっと開く」計画に対して、さらに4千万ユーロを追加すると発表した事が報じられている。

　　2019.12.27.（ActualLitté 公式頁 <https://actualitte.com> より）
79) "Nouveau préavis de grève dans les bibliothèques ouvertes le dimanche," *Le Parisien*. 2020.2.7.（Le Parisien 公式頁 <https://www.leparisien.fr> より）
80) Nathalie Flochlay, "En colère, les agents des bibliothèques reconduisent la grève,"*Ouest France*. 2021.9.18.（Ouest France 公式頁 <https://www.ouest-france.fr> より）
81) "Vers une prochaine ouverture des bibliothèques le demanche?," *CNews*. 2021.1.31.（CNews 公式頁 <https://www.cnews.fr> より）
82) Bruno Texier, "Emmanuel Macron célèbre la lecture et annonce un "plan bibliothèque"," *Archimag*. 2021.6.17.（Archimag 公式頁 <https://www.archimag.com> より）

同月、すなわち2021年6月には、パリ郊外の地域共同体プレンヌ・コミューン（Plaine Commune）でも、9月より図書館を日曜に開館する方針が示された。なお、プレンヌ・コミューンとは、パリ郊外の都市サン＝ドニを中心に計9つのコミューンで2016年1月に創設された公施設法人である。そして、この方針は、同法人の代表も兼ねているサン＝ドニ市長が、前年の市長選で掲げていた公約を実現する形となっている。

　具体的には、2021年9月よりそれら9つのコミューンが、それぞれ中心街の図書館を1館ずつ日曜に開館する方針が示された。その代わりに、地区館の開館時間を減らす予定であるという。ただし、日曜勤務に対しては、1回の勤務ごとに振替休暇に加えて100ユーロの割増賃金が支給される。日曜開館に必要な労働力を補う目的で、ヴァカテール（vacataire）と呼ばれる、いわゆるアルバイト職員を雇用する方針も示された。

　しかし、以上の方針に対しても、複数回にわたるデモや抗議活動が展開された。この問題に関するオンラインでの反対署名活動も実施され、850人を超える署名が集まった。日曜労働は社会生活や家族生活に大きな困難をもたらし、また、地区館の開館時間を減らすことは公読書の組織網を犠牲にする行為であるという。ヴァカテールに関しても、正式に養成された職員ではなく、また、不安定な契約による職員であるという理由から、雇用の提案が一蹴されている[83][84][85]。

---

83) Antoine Oury, "Une mobilisation de bibliothécaires contre le travail dominical," *ActuaLitté*. 2021.6.23.（ActuaLitté 公式頁 <https://actualitte.com> より）
84) Dorine Goth, "Fronde dans les médiathèques de Plaine Commune contre le travail du dimanche," *Actu Seine-Saint-Denis*. 2021.6.24.（Actu.fr 公式頁 <https://actu.fr> より）
85) 労働総同盟に属するプレンヌ・コミューンの図書館関係団体によるFB等でもデモや抗議活動の様子が確認できた。

2 日本の場合

「図書館をもっと開く」議論のきっかけ

　一方、日本の場合、今や日曜日に閉まっている公共図書館を見つける方が難しい。実際、先述したが、2021年の『社会教育調査』によれば、すでに95％以上の公共図書館が日曜開館を実施している。日本の図書館界で、日曜開館の問題が、議論すべき事柄として認識されていたのは、今から40年以上前のことである。例えば、1981年6月号の『図書館雑誌』は、「日曜開館・夜間開館をめぐって」と題した特集[86]を組んでいる。一方、その5年9ヶ月後、すなわち、1987年3月号の『図書館雑誌』の特集名は、「夜間開館、祝日・通年開館を検討する」[87]となっていた。そして、その巻頭記事[88]には、「日曜開館はすでに全国的に広く実施され、今や図書館にとってごく当たり前のこととなっている」と記されていた。「日曜開館がすでに大部分の図書館で実施され……」との記述もみつかった。そのため、「同じようなテーマながら、……「日曜開館」が「祝日・通年開館」に変っ」たというわけである。

　しかしながら、上記1987年の記事には、「大部分の図書館で日曜開館が実施されている、と書いた」が、それは、「あくまでも「大部分」であって「全体」ではない」とも記されていた。また、この記事が記された約25年前頃まで、日曜開館を実施していた公共図書館は、全国的に少なからず存在していたのではないかとも読める記述もみつかった。すなわち、この記事には、「昭和30年代半ば…頃、全国的に、休館日を月曜日から日曜日に変更する県立図書館が徐々にふえつつあるという傾向」が「あった」と記述されていた。

---

86)「特集：日曜開館・夜間開館をめぐって」『図書館雑誌』Vol.75, No.6, 1981.6, p.320-335.
87)「特集：夜間開館、祝日・通年開館を検討する」『図書館雑誌』Vol.81, No.3, 1987.3, p.128-148.
88) 久保輝巳「夜間開館、祝日・通年開館を考える」『図書館雑誌』Vol.81, No.3, 1987.3, p.128-131.

2　日本の場合

　夜間開館にしても、同様の事態であったとも考えられる。というのも、同じく上記 1987 年の巻頭記事には、「昭和 30 年代…頃…は、夜 9 時まで開いている館が全国にはかなりあったように思う」と記されているからである。少なくとも同記事の筆者は、「図書館とは月曜日に休み、夜は 9 時まで開いているものと、何の抵抗もなく思い込んでいた」ということである。

　一方、1990 年 3 月には、日本図書館協会図書館員の問題調査研究委員会より、『公共図書館の祝日開館・夜間開館実態調査報告書』[89] が提出されている。同報告書には、次のように記されていた。

　　日本の公共図書館では、1970 年代までは祝日開館の例はきわめて少なく、あっても併設されている施設の開館状況に合わせるなど、特別の事情によるものと見られていた。祝日開館よりもまず、日曜開館、夜間開館にどう対応するかが、さしあたっての課題であった。

　以上のように、「同じようなテーマながら」、日曜、夜間、そして祝日開館は、それぞれ実施時期や経緯までもが「同じような」ものであったわけではないらしい。また、前二者に関しては、1980 年代よりもずっと以前に実施されていた例が少なからずあったらしい。とはいえ、たとえそうであるにせよ、日本の図書館界で、日曜及び夜間開館の問題が、館界全体として議論すべき大きな問題として認識されるようになったのは、主として 1980 年代前半頃からであったということだけはたしかである。しかしながら、上記 1990 年の調査報告書にもあるように、「1989 年の統計によると、この間に日曜開館は進み毎日曜閉館の館はわずか 10% にまで減少した」。そのため、1980 年代後半頃には、議論の中心が、日曜及び夜間開館から、祝日及び夜間開館の問題へと移動していったということになるのだろう。

　一方、同じ時代、具体的には、1980 年代前半頃より、日本の図書館界では、

---

89) 日本図書館協会図書館員の問題調査研究委員会, 公共図書館祝日・夜間開館調査小委員会『公共図書館の祝日開館・夜間開館実態調査報告書 : 住民サービスの深化と時間短縮の間で全国の公共図書館はいま』日本図書館協会, 1990.

開館問題よりも深刻で、また、現在までずっと尾を引くことになる大きな問題が顕在化しつつあった。いわゆる外部委託問題である。例えば、『図書館雑誌』が1981年6月に「日曜開館・夜間開館をめぐって」という特集を組んだことについては先述したが、その翌月号の特集名は、「公共図書館の民間委託問題」となっている。1987年には、「足立区の図書館委託を考える」という副題の報告書[90]が刊行されているのだが、同書において、京都大学図書館学教授の森耕一も「この数年来、……図書館の管理運営を財団・公社などの外郭団体に委託する事例が出現しはじめた」と証言している。

ただし、本稿が注目するのは、同じ文章の中で、森が上の証言の後に記している次の一文である。

> 図書館の公社委託は必然的にサービスの質の低下をもたらす結果になるが、そのことをカムフラージュするために、自治体当局は、議会や住民に対して年中無休・夜間開館を実施して「サービスの向上を図る」というエサをつけることが多い。

実際後述するように、1980年代より次々と問題になった「図書館の管理運営を……委託する事例」は、「年中無休・夜間開館を実施」するという名目の下で強行されたものが多かった。だからこそ、日曜、祝日、あるいは夜間開館などの問題は、1980年代より、議論すべき事柄として認識されるようになったとも考えられるのである。

先にも確認したように、フランスでは、「図書館をもっと開く」ことに対して、しばしば図書館員を中心にデモや反対運動が展開された。より正確には、「図書館をもっと開く」こと自体ではなく、それに伴う労働条件の改悪に対して反対運動が展開された。一方、日本の場合、反対運動は図書館の委託に対して展開された。その過程で、図書館員自らが、労働条件の改悪を伴ってでも「図書館をもっと開

---

[90] 足立区によい図書館をもっとつくる会他編『図書館の委託：足立区の図書館委託を考える』教育史料出版会, 1987.

く」ことを提案した事例がいくつも残されている。委託をさせないために、図書館員自らが、非常勤職員の導入を提案したとの証言も残されている。いずれにせよ、日本では、「図書館をもっと開く」動きと並行して、図書館職員の労働条件が改悪されていった。同時に、委託されたか否かに関わらず、この動きと並行して図書館職員の非正規化が次々と進められていった。そして、以下でも確認するように、開館時間の延長を名目にして委託された図書館に勤める職員は、生活もしていけないほどの低賃金であったことが報告されている。

外部委託による年中無休・夜間開館

　1981年7月号の『図書館雑誌』では、「公共図書館の民間委託問題」という特集[91]が組まれている。先にも述べたが、「日曜開館・夜間開館をめぐって」という特集が組まれた翌月のことである。前者、すなわち「委託問題」特集の巻頭記事[92]では、「図書館が危ない」との小見出しの下、その第一段落目において、同年4月13日に管理運営を外部に全面委託する形で開館した京都市立図書館の問題が取り上げられている。それによれば、京都市の事例は、日本図書館協会の総会において「"自治体としての責任を放棄した公立図書館"の出現……である…と批判」された。また、日本図書館協会は京都市立図書館の開館に先立つ1980「年11月、京都市にたいして「教育委員会が直接に管理運営すべきものと考えられます」と要望し」たということである。

　この出来事は、1981年4月29日付『毎日新聞』の「余録」[93]でも取り上げられた。周知の通り「余録」とは、『毎日新聞』の朝刊1面に毎日掲載される囲み記事である。そこには、京都市で「事実上の市立図書館だが、財団法人にして桑原武夫氏がセンター所長に就任した」図書館が開館したことや、それに対して、「京都市職労や図書館関係者は反対している」ことが記されている。

---

91)「特集：公共図書館の民間委託問題」『図書館雑誌』Vol.75, No.7, 1981.7, p.p376-390.
92) 松岡要「特集にあたって：都市経営論・民間委託の問題点」『図書館雑誌』Vol.75, No.7, 1981.7, p.376-377.
93)「余録」『毎日新聞』1981.4.29.

ただし、留意すべきは、この「余録」記事において、京都市立図書館の全面委託は「図書館が危な」くなる出来事とはみなされていないことである。そうではなく反対に、この図書館は「お役所化を防ぐため民間委託にした」と称賛されているのである。「夕方閉館、日曜祝日休館と、ほとんどの図書館が役所のようにそっけないのは事実」である中、「民間サービス」の手法を取り入れることで、「年末年始を除いて年中無休という型破りの図書館が京都におめみえした」というわけである。実際、その約15年後に刊行された文献[94]でも、1980年9月13日付『京都新聞』に掲載された「城森教育長の記者会見」にも触れながら、「京都市図書館の「通年開館」は委託化の最大の理由であり、最も重要な公約であった」と指摘されていた。

　上記「余録」記事に対しては、日本図書館協会、栗原事務局長からの抗議文書が、記事掲載の僅か3日後、すなわち1981年「5月2日、毎日新聞社編集部「余録」担当者宛に送付」され、同年6月号の『図書館雑誌』に「「余録」氏に反論する」との標題で掲載された[95]。この抗議文書では、件の「余録」記事の「文中には、「事実」とかけ離れた面がある」と「反論」されていた。その論拠としては、「この10年来、地域住民に親しまれる活動を展開し、発展著しい市区立図書館についていえば、約80％の図書館は、すでに日曜開館をしている」ことが挙げられていた。つまり、日本図書館協会から出された反論の主眼は、余録氏による民間賛美が、自分たちの努力に対する事実誤認に基づいているという点にある。そこには、「「お役所図書館」の克服は、われわれ自身努力しつつあるところ」であるとも記されていた。

　実際、その後、各地の図書館では、日曜、夜間、あるいは祝日開館を次々と実施していくことになるのだが、先にも取り上げた『公共図書館の祝日開館・夜間開館実態調査報告書』[96]によれば、それらはいずれも、「関係者の並々ならぬ努力があって、はじめて可能になった」ということである。同報告書には、その結果、

---

94) 図書館問題研究会委託問題委員会編『図書館の委託を考える：資料と解説』図書館問題研究会, 1996.
95) 栗原均「「余録」氏に反論する」『図書館雑誌』Vol.75, No.6, 1981.6, p.346.
96) 日本図書館協会図書館員の問題調査研究委員会, 公共図書館祝日・夜間開館調査小委員会 1990 前掲
　89)

2 日本の場合

「図書館職員が相当無理なローテーションを余儀なくされた」とも記されている。

一方、上述したように、1981年4月29日付「余録」記事に対する日本図書館協会事務局長からの抗議文書は、同年6月号の『図書館雑誌』に掲載された。先にも取り上げた、「日曜開館・夜間開館をめぐって」という特集が組まれている号である。そして、本稿が注目するのは、この特集の巻頭記事[97]に記されていた以下のような見解である。

> ……夕方6時閉館のものまで入れても、日本の公共図書館で夜間開館している館は、全体の3分の1にもみたない。しかし世間の常識からいえば、夜間開館というのはせめて夜の8時頃までは開いていると考えるのが普通ではないだろうか。……全体のほぼ半数の館が一般の役所時間に歩調をあわせていることになる。このあたりに、公共図書館の大半が未だにわが国の根強い行政体質から抜けきれない実態の反映を見ることができる。

すなわち、「お役所」ではなく「行政体質」という言葉が使用されているものの、この巻頭記事にも、上記「余録」記事に通底する認識が示されているのである。なお、この巻頭記事は、図書館員の問題調査研究委員会委員長の筆によるものである。要するに、当時においては、図書館関係者の中にも、図書館の「行政体質」が、夜間開館などの実現を阻んでいる一因とみなす考え方が存在していたということになる。

ともあれ、1980年代には、京都市のみならず「82年大阪市…、83年広島市…、和光市、84年長野市…、86年足立区…などで、公立図書館の公社・財団への管理委託の動きが相次」[98]いだ。この状況下、1986年には、日本図書館協会よりその実態調査報告書[99]が提出されているのだが、そこには、「図書館の運営を全部、

---

97) 久保輝巳「日曜開館・夜間開館に向けて」『図書館雑誌』Vol.75, No.6, 1981.6, p.320-323.
98) 山口源治郎「公立図書館における管理委託問題の系譜と今日的特徴」『図書館雑誌』1993.10, Vol.87, No.10, p.742-744.
99) 日本図書館協会編『「図書館業務の（管理・運営）委託」に関する実態調査報告書』日本図書館協会, 1986.

財団・公社等に委託する動きは、すでにひとつの潮流として存在しているように思われる」と記されている。

　それらの「動き」の内、長野市では、図書館を含む総合文化施設の管理運営を、市が設立した財団法人に委託することが計画された。1984年8月19日付『信濃毎日』[100]に記載されているところによれば、「市は財団法人による運営のメリットとして①市の職員数を抑制……できる②日曜、休日の開館にも対応できる－などを挙げてい」たということである。

　足立区の「動き」についても、1987年3月に同区図書館の石塚は、次のように述べている[101]。

　　東京都足立区では、1985年8月、区が通年・夜間開館を理由に地域図書館の公社委託を提示して以来、委託阻止の運動が3年ごしに続けられている。

　すなわち、足立区における外部委託の導入もまた、京都市と同様、通年開館時間等を理由に進められたのである。先述のとおり、長野市の計画が委託によるメリットとして挙げた主たる理由の中にも、「日曜、休日の開館」が含まれていた。こうした動きは、1990年代に入っても続いてゆく。例えば、石塚は1997年にも次のように述べている[102]。

　　……図書館の管理委託を企図する際に、通年開館がしばしばセットで構想されたり提案されたりする。あるいは通年を含む開館時間延長を行うために委託しようと考える向きもある。

　なお、後述するように、京都市では図書館の「委託化の最大の理由であり、最

---

100)「文化施設の管理・運営で財団法人設立の意向：長野市　職員数抑制など利点」『信濃毎日』1984.8.19.
101) 石塚久芳「公社化による図書館の夜間・祝日開館について」『図書館雑誌』Vol.81, No.3, 1987.3, p.138-139.
102) 石塚久芳「「開館時間」を考えてみよう」『みんなの図書館』No.247, 1997.11, p.1-8.

も重要な公約であった」はずの通年開館を、わずか10年余りで反故にしている。すでに1992年には、通年開館をとりやめているのである。それでも、以上確認したように、この時代において、自治体が図書館の外部委託を進めようとする際には、必ずと言ってよいほど、開館時間の延長などが、理由として持ち出されていたのである。

　例えば、1990年代には、調布市でも、図書館を財団に委託する構想が浮上した。ただし、1996年に発行された図書館問題研究会委託問題委員会による『資料と解説』[103]に記されているところによれば、「調布市では、京都・足立の運動の教訓・成果に学び、委託を阻止した」ということである。すなわち、「1995年8月、調布市は図書館の管理委託を断念した。市の委託構想が明らかになってから1年半」のことであったという。この『資料と解説』には、「委託提案をはね返し「直営」と位置づけさせたことは初めてと言ってよい」とも記されている。しかしながら、この出来事をきっかけに、調布市でも図書館の通年開館が実施されることになったのである。

　上記『資料と解説』にも記録されているように、調布市でも、「通年開館、開館時間の延長（とくに夜間開館）など」が「財団委託の理由」として挙げられていた。「市は財団委託のメリットとして、弾力的な運営や市民要求に即応しやすいことなどをあげ、直営では通年開館や開館時間延長は困難であるかのように主張してい」たということである。それに対し、「調布市の図書館をもっともっとよくする会」は、調布市長及び教育委員長に文書を提出し、「それらは直営でも十分可能です」と反論した。財団に委託しなくても、図書館員自身が努力すれば、直営のままで開館時間の延長を実現できるというわけである。ただし、この文書には、次のようにも記されていた。

　　通年開館、開館時間延長などが職員の犠牲の上に一方的に実施されるならば、サービスの低下は避けられません。したがって業務量増大に見合う十分な職

---

103) 図書館問題研究会委託問題委員会編 1996 前掲 94)

員が配置されるべきことは改めて指摘するまでもありません。

結果的に調布市では、「焦点である委託問題は「直営」のかたちで決着した」。しかしながら、職員は大幅に削減され、「運営を支える状況としては過酷」なものになったという。それにもかかわらず、「通年開館、開館時間延長などが……実施される」こととなった。「年末・年始、特別整理、館内整理日等のほかには休みのない、週毎の定期的な休館日のない、いわゆる通年開館が……中央図書館に導入された」。必ずしも「一方的に」ではなかったのかもしれないが、委託問題をきっかけに、調布市でも「通年開館、開館時間延長などが職員の犠牲の上に……実施」されることになったのである。

足立区の場合

同様の事態は、東京都足立区の事例からも確認できる。足立区における「委託阻止の運動」については、「足立区によい図書館をもっとつくる会、図書館問題研究会、それに足立区職員労働組合の三者が共同編集した」詳細な資料[104]が残されている。そして、この資料にも、委託の目的の1つとして「通年・夜間開館」が挙げられ、喧伝されていたこと、加えて、委託を阻止しようと、労働「組合みずから直営による夜間・通年開館を提案したこと」が記録されているのである。

例えば、この資料には、1985年の出来事として、次のように記されていた。

> 区当局は突然、十二月二〇日の『あだち広報』に「年中無休・夜間開館等を実施。図書館サービスを大幅アップ。地域図書館を公社委託」などと大きな見出しが踊る記事を掲載した。のちに各図書館には、これらの内容を大書した特大ポスターを貼り出した。

上記資料によれば、当時において「年中無休・通年開館というものはとても

---

104) 足立区によい図書館をもっとつくる会他編 1987 前掲 90)

きる状況ではなく、検討の対象ですらなかった。しかし『広報』でこのような宣伝がされた以上、組合も方針を出さざるを得ない」状況になった。それまでは「公社委託の是非を問う理念的な問題の検討を重ねてきた」のだが、「開館時間という……サービスの大幅アップを議会、区民に広く宣伝されたこと」で、その「ことを前提に闘いをくみなおすことが必要になった」ということである。そして、本稿が注目するのは、その際になされた「くみなお」しの内容についてである。

　足立区職員労働組合では、「直営を堅持すること、増員は見込めず限られた職員数であることなどの条件のもとに、通年・夜間開館を実施する方針を検討し、案をつくりあげた」。その結果提案された「組合案は、……一名減が前提となる厳しい案である」にもかかわらず、「全体集約では圧倒的な支持を得た」。その理由としては、「職場に共通の情勢認識と危機感があったのであろう」と記されている。

　一方、ほぼ同時期、具体的には 1986 年 1 月に、「日本図書館協会が、足立区教育長に対して……委託案の再検討を求めた要望書」が提出されているのだが、この要望書でも「公立図書館……の休日及び夜間の開館について」次のように記されていた。

　　……委託しなければこのことが実施できないというものではなく、開館時間延長についていえば現に都内二十三区の大部分でも既に行っているところです。これまでの夜間開館未実施の問題点を、関係職員側と協議を重ねるなかで、その合意による積極的意欲をもった運営方策として、サービスの拡大が進められるよう期待いたしております。

要するに、この要望書でも、「委託案の再検討を求め」るなかで、直営のままで開館時間を延長することが提案されているのである。

　ともあれ、以上のような経緯の下で「つくりあげた」という「労働組合の提案」は、1986 年 1 月 8 日に「要望書」という形で同区教育長宛に出された。「「一・八要望書」と略称している組合の要望書」で、「直営で夜間、通年開館もやろうと提案した」ものである。「一・八要望書」の前文には次のように記されていた。

地域図書館を委託することなく、図書館独自で年中無休、夜間開館を実施する決意を私どもはかためました。これは、ギリギリの選択です。

「一・八要望書」に記された「対置案」において、夜間開館は、平日のみに実施されることとなっていた。「増員は見込めず限られた職員数であることなどの条件」の下では、それが「ギリギリの選択」だったのであろう。しかしながら、この「対置案」は拒否される。「組合案に対して「日曜・祝日の夜間はやらないなど当局案に比べて夜間開館日数が少ない」……など……を理由にして拒否の回答」がなされたのである。1986年3月3日の足立区議会会議録には、社会教育部長による以下のような言葉が記録されている。

　区職労が区案に対して対案を提案したことについてでございますけれども、区職労の対案は……区の案に比べて大きく後退しております。……区の案が完全な形での年中無休、夜間開館であるのに対し、区職労案は土曜日、日曜日、祝日は夜間の開館をいたしません。……組合案のこの……後退は、……私どもとしてはとうてい採用できないところでございます。

それに対して、「住民からは……「組合からこういう案が出されることを為政者として喜ぶべきではないか」など批判が出た」ということである。いずれにせよ、当時において、職員自らが労働条件の改悪を提案することに対する大きな異論はなかった。むしろ、「喜ぶべき」こととして捉えられていたのである。

同様の認識は、国会の場でも示されている。上記足立区議会と同月、すなわち、1986年3月6日に開催された衆議院予算委員会[105]では、佐藤祐弘議員が足立区立図書館の業務委託に関する問題について言及しているのだが、その中で、次のように発言しているのである。

---

[105] 1986年3月6日 第104回 国会衆議院予算委員会第3分科会.

2　日本の場合

　区職労の図書館分会の人たちがみずから、夜間、日曜開館をやる、勤務は過酷になるけれどもやりますという案を出しているわけですね。私は、やはりこれは非常に大事だと思う。専門家の当図書館の職員の集団がそういう決意をしたわけですから、これを評価してやるべきだというふうに思うわけです。

　なお、この予算委員会では、佐藤議員の質問に対して、文部省社会教育局長の齊藤尚夫が「公立の図書館につきましては…基幹的な業務につきましては民間への委託にはなじまない」と答え、また、「館長及び司書の業務につきましては、原則として委託になじまないものというのが文部省の考え方」であると述べている。また、海部俊樹文部大臣も、「公立図書館の基幹的な業務については、これは民間の委託にはなじまない」と発言した。そして、この見解を支持した図書館関係者はその後、事あるごとに、同日の答弁を引き合いに出している。

週休二日制と三ない主義

　先にも取り上げたように、1981年6月号の『図書館雑誌』では、「日曜開館・夜間開館をめぐって」という特集が組まれている。この特集の巻頭記事[106)]には、次のようにも記されていた。

　日曜・夜間開館はどのような困難性をともなおうとも、利用者がそれを望んでいる以上、われわれはその全面的な実現へ向けて歩み始めねばならない。……日曜・夜間開館によって、図書館員はたしかに、一般の多くの労働者よりはるかに不規則な、時によっては厳しい勤務条件を強いられることになる。しかし、それを不当と考えるのは当たらない。

　それから10年後、具体的には、1991年8月7日付で、人事院が国家公務員

---

106) 久保輝巳 1981.6 前掲97)

について「週休二日制等について」勧告した。それにより、「完全週休二日制の導入を基本とした週四〇時間勤務制の実現を図るべき」こと、また、この制度の導入は、1992年度、すなわち「平成四年度のできるだけ早い時期に実施すること」が勧告された[107]。そして、この勧告をきっかけに、完全週休二日制が地方公務員にも導入されていくことになる。加えて、週あたりの労働時間が短縮されることとなったのである。

ところが、少なくとも当時において、日本の図書館界では、この事態が手放しに歓迎されたわけではなく、むしろ、大きな懸念材料となっていく。というのも、少なくとも図書館員に関しては、この制度の導入により、「一般の多くの労働者よりはるかに不規則な、時によっては厳しい勤務条件を強いられることにな」ったからである。

1992年5月号の『図書館雑誌』では、「労働時間短縮問題を考える」と題した特集[108]が組まれている。同特集の巻頭論文[109]の冒頭にも記されているように、同年「3月27日、公務員の「土曜閉庁による週40時間勤務」の関連法案が参議院を全会一致で通過し、国家公務員については5月から、地方自治体では早くて、7月からの「週40時間勤務」の実施が現実のものと」なったのである。

同号の「編集手帳」[110]でも指摘されているように、労働「時間短縮」は、「働く者にとって本来喜ぶべきことのはず」であった。ところが、同じくそこにも記されているように、特集に収載された論考は、いずれも「重苦しい・出口のない内容」となっていた。というのも、そもそも図書館では、週40時間勤務の実施にあたって土曜閉「館」となったわけではない。それにもかかわらず、図書館職員を含めた公務員の「完全週休二日制の実施に当たって、第二臨調決定の際、打ち出された、俗に「三ない主義」といわれる閣議決定が」なされていたからである。「三ない主義」とは、「「人を増やさない」「予算を増やさない」「サービスを落とさ

---

107) 人事院「週休二日制等について 平成三年八月七日」『自治研究』Vol.67, No.12, 1991.12, p.147-153.
108)「特集：労働時間短縮問題を考える」『図書館雑誌』Vol.86, No.5, 1992.5, p.277-300.
109) 清水隆「労働時間短縮と公共図書館」『図書館雑誌』Vol.86, No.5, 1992.5, p.278-279.
110) 鈴木紀代子「編集手帳」『図書館雑誌』Vol.86, No.5, 1992.5, p.356.

ない」の三点」である[111]。

　上記特集の半年後、すなわち、1992年11月に開催された第78回全国図書館大会の第12分科会「図書館と職員問題」では、「労働時間短縮と図書館サービス」というテーマが掲げられた。そして、この大会でも、「「三無い主義」の矛盾について議論が白熱」したと報告されている[112]。

　ただし図書館の場合、問題は、「三無い主義」や、閉館日の増加を伴わない週40時間勤務の実現だけではなかった。この大会に先立ち、同年10月の『図書館雑誌』に掲載されたこの分科会の案内文[113]には、次のように記されている。

　　……労働時間短縮の動きに対して、とりわけ公立図書館では、住民による祝日開館や、開館時間の延長を求める声もあり、図書館サービスのあり方と関連して問題を複雑化している。

　要するに、図書館の場合、労働時間の短縮が実施されても、それに伴って閉館日が増えたわけではなかった。それどころか、開館日数や時間をさらに増やすことが求められていたのである。以上のような事態について、上記「編集手帳」[114]には、次のよう記されている。

　　これは根本的に無理なことではないかと思った。「数学的」にではなく、「算数的」に無理なことなのである。

　それでも、多くの図書館現場では、図書館員自身がギリギリの努力をすることにより、「根本的に無理なこと」を無理矢理に克服するための試みが実施されていっ

---

111) 山路憲夫「公務員の完全週休2日制：「三ない主義」のクリアが焦点に」『エコノミスト』Vol.69, No.54, 1991.12.16, p.100-102.
112) 江崎邦彦「労働時間短縮と図書館サービス（平成4年度（第78回）全国図書館大会ハイライト 第12分科会 図書館と職員問題）」『図書館雑誌』Vol.87, No.2, 1993.2, p.97.
113) 前田秀樹「労働時間短縮と図書館サービス（平成4年度（第78回）全国図書館大会への招待 第12分科会 職員問題）」『図書館雑誌』Vol.86, No.10, 1992.10, p.721.
114) 鈴木紀代子 1992.5 前掲110)

た。上記「労働時間短縮問題を考える」の特集巻頭論文[115)]にも、次のように記述されていた。

> 「三無し前提」のもとで、定数増は基本的に認められず、休館日増も一般的ではない中で結局のところ「交代制勤務の強化」によってしか時間短縮を推進できないということです。……時間短縮の実現のために、図書館の現場では、さまざまな論議をしてきたはずですが、このことは、……苦渋にみちた選択を否応なしにせまられる論議だったと考えます。

1992年10月号の『図書館雑誌』には、図書館員の問題調査研究委員会関東地区小委員会よる「図書館職員時間短縮実態調査」の最終報告[116)]が掲載されている。そして、この調査からも、「人員増のともなわない交代制勤務の導入および変更が図書館における時間短縮の主要な手法となって」いたことや、その際に導入された「交代制勤務の実態が複雑を極めていること」が報告されている。同調査によれば、不規則勤務に対する手当は、6割近くが「ない」と答え、また、手当が支給される場合でも、その「名称、支給額、支給形態……、支給範囲……が著しく異なってい」たということである。以上のような、事態を踏まえ、最終報告には、次のような見解が記されていた。

> …職員の労働条件は確保されなければならないということ……に対する……「社会的合意」が、図書館職員の労働時間短縮を実現するために、必要です。……この「社会的合意」が成立していないために、開館していることがもっとも重要だから、休館日増はしない、場合によってはむしろ「通年開館」こそ……必要だという見方も存在します。……「社会的合意」を得られるような努力をすることによって、真の意味で、図書館職員の労働時間短縮を実現

---

115) 清水隆 1992.5 前掲 109)
116) 清水隆（JLA 図書館員の問題調査研究委員会関東地区小委員会）「交替制勤務と時間短縮：図書館職員時間短縮実態調査最終報告」『図書館雑誌』Vol.86, No.10, 1992.10, p.741-744.

することができると考えます。

　一方、通年開館などを名目に委託された図書館「職員の労働条件」は、この時点ですでに劣悪なものであったことが報告されている。例えば、1988年12月の『図書館雑誌』には、京都市立図書館の委託を請け負った「京都市社会教育振興財団の問題点」を指摘する記事[117]が掲載されている。それによれば、同図書館の職員は、「市雇用の職員で財団から業務を委嘱されている委嘱職員と、財団職員の二種類に分かれ」るのだが、後者の場合、「最大の問題は、給与の低さにあ」ったという。それらの職員は、「雇用保険、年金などは一切付けてもらえず」、「生活もしていけないほどの低賃金」であったというのである。この記事には、「そこの給与だけで暮らしてゆけず、他に補助を探さなければならないのはむごいことだと思います」とも記されていた。なお、京都市では、委託の理由であった図書館の通年開館を、1992年9月に取りやめた[118]。だからといって、上記「問題点」は何ら解消されたわけでもない。

開館時間の延長と図書館職員の非正規化

　先にも確認したように、1992年11月開催の全国図書館大会第12分科会の案内文[119]、すなわち、「労働時間短縮と図書館サービス」というテーマを掲げた分科会の案内文には、「公共図書館では、住民による祝日開館や、開館時間の延長を求める声」があると指摘されていた。ただし、この指摘の直後には、次のような懸念も記されていた。

　　今後は、非正規職員の採用や第三セクターによる業務委託、人材派遣会社による派遣司書の導入などが懸念される。

---

117) 平場澪「京都市社会教育振興財団の問題点：自分の仕事への正当な評価を願って」『図書館雑誌』Vol.82, No.12, 1988.12, p.801-803.
118) 図書館問題研究会委託問題委員会編 1996 前掲94)
119) 前田秀樹 1992.10 前掲113)

Ⅱ　いつどれだけ何のために開くのか

　この懸念は現実のものとなっていった。1996 年 10 月 2 日付『日本経済新聞』の「春秋」[120]には、公共図書館の休館日に関する話題が掲載されている。なお、「春秋」とは、先に取り上げた『毎日新聞』の「余録」と同様に、『日本経済新聞』の朝刊 1 面に毎日掲載される短い記事である。この日経記事には、「税金で作った…施設」である図書館の開館日数が少ないことは「納税者として納得がいかない」との考えが記されていた。その上で、次のように主張されているのである。

　　運営業務の民間委託やパートの活用などの工夫で、もっと開館日や開館時間を増やせるはずだ。……ところが公立図書館の関係者は消極的だ。盾になっているのが「民間委託にはなじまない」という文部省の見解だという。余計なお世話だと思う。

　当時において、図書館業務の外部委託化に対しては、文部省も否定的な立場をとっていた。1986 年 3 月 6 日の衆議院予算委員会における答弁で、当時の文部省社会教育局長および文部大臣のいずれもが、公立図書館に関して、少なくとも基幹的な業務については民間の委託になじまないとの見解を示したことについては先にも確認した通りである。その後、図書館関係者は、事あるごとに、これらの答弁で示された見解を引き合いに出してきた。しかしながら、1996 年 10 月 2 日付の「春秋」は、この見解を「余計なお世話だ」と一蹴したのである。

　その約 1 ヶ月後、すなわち 1996 年 10 月 30 日付「春秋」[121]に記されているところによれば、上記 10 月 2 日付「春秋」記事に対しては、「図書館をよく利用する読者から多くの反響があった」ということである。また、「「職歴三年の司書」氏からは…反論をもらった」が、その内容は、「利用者の求めとの間に大きな落差を感じ」るものであったという。その上で、10 月 30 日付「春秋」は、以下のように締めくくられている。

---

120)「春秋」『日本経済新聞』1996.10.2.
121)「春秋」『日本経済新聞』1996.10.30.

2　日本の場合

夜間や休日などは民間委託やパートにまかせてでも開館日・時間を増やしてほしい、というのが利用者・納税者の最大公約数の声だろう。公務員の論理を市民のニーズに引き寄せる作業が行政改革だと思う。

　以上のような状況下、1997年3月号の『みんなの図書館』には、同誌編集委員長による「開館時間延長を積極的にしよう」と題した記事[122]が掲載された。なお、『みんなの図書館』とは、図書館問題研究会による月刊の機関誌である。ともあれ、この記事において同誌の編集委員長は、「二回にわたって取り上げられた『日本経済新聞』の「春秋」の記事など」、「開館時間の延長……が、このところはマスコミなどでも取り上げられ、一段とにぎにぎしくなっている」状況に触れた上で、「ならば少しは期待に応えようではないか」と提案したのである。

　しかしながら、そこにも指摘されているように、「必要な人数がすぐ付くような現状ではな」く、「立ち塞がる一番大きい問題は職員の労働条件」であった。そのため、この記事には、「自動貸出し機の導入など」「機械なりアルバイトなりなんらかの措置は必要となろう」とも記されている。後述の特集に収載された記事[123]の中で田井が指摘したように、「パートやアルバイトなどの臨時的な職員を増やしてでも開館時間を延長すべきだという主張が図問研の中枢から出て」くる状況になっていたということである。そして、後にも確認するように、実際に日本の公共図書館では、「パートやアルバイトなどの臨時的な職員を増やして…開館時間を延長」するという選択がなされていくことになる。

　ともあれ、その8ヶ月後、すなわち、1997年11月の『みんなの図書館』には、「図書館をいつ開けるか？」と題した特集[124]が組まれている。「特集にあたって」という見出しの記事[125]で同誌の編集委員が記しているところによれば、この特集

---

122) 川越峰子「開館時間延長を積極的にしよう」『みんなの図書館』No.239, 1997.3, p.68-72.
123) 田井郁久雄「いま大切なのは開館時間の延長か」『みんなの図書館』No.247, 1997.11, p.22-33.
124)「特集：図書館をいつ開けるか？」『みんなの図書館』No.247, 1997.11, p.1-61.
125) 宮原みゆき「特集にあたって（特集：図書館をいつ開けるか？）」『みんなの図書館』No.247, 1997.11, p.61.

には、「従来特集に割くページをはるかに超え、まだ次号へと続けて掲載するほどの原稿が集まった」ということである。実際、「次号」、すなわち、1997 年 12 月号の『みんなの図書館』にも、11 月号の「特集にもりこめなかった調布と松本の報告」[126)][127)] が掲載されている。

たしかに、上記「特集にあたって」でも指摘されているように、それら両号に掲載された記事や論考は、それぞれ論点も異なっており、「また意見も多様なもの」であった。それでも、倉敷図書室の石井が訴えているように[128)]、「開館時間を延長する際、一番のネックとなるのが人員の問題」であるとみなしている点では変わらない。それにも関わらず、「自治体の財政危機のため、開館時間延長に必要な人員の増加が望めないという現実」があるとみなしている点でも一致していた。この認識の下、石井は次のようにも述べている。

> …人員増無しにサービスを低下させないのが昨今の行革の方針であることを考えると、最終的には職員の負担で乗り切っていく結果になります。……万が一職員が増員されたとしても、人件費の面から正規職員でない可能性の方が高いと考えられます。……正規職員の増員がない限り、時間延長には応じられないという立場をとり続けた場合、逆に委託化の方向に進んでしまう懸念も生じます。

この状況下、「委託をさせないために非常勤職員の導入」が進められてきたとの証言も残されている。2004 年 4 月号の『ず・ぼん』では「図書館の委託」について特集[129)] が組まれているのだが、同号に掲載された「座談会」[130)] で、町田市立図書館の手嶋は次のように述べている。

---

126) 小泉希代子「調布市立中央図書館の勤務状況」『みんなの図書館』No.248, 1997.12, p.37-41.
127) 伊佐治裕子「松本市における夜間開館の現状：南部図書館を中心に」『みんなの図書館』No.248, 1997.12, p.42-50.
128) 石井秀樹「二律背反？ 開館時間延長」『みんなの図書館』No.247, 1997.11, p.15-18.
129)「特集：図書館の委託」『ず・ぼん』No.9, 2004.4, p.28-77.
130) 井東順一他「委託はどこまで拡がるのか：座談会・東京二三区の図書館民間委託を徹底討議」『ず・ぼん』No.9, 2004.4, p.28-49.

2　日本の場合

　…町田市では……祝日開館や夜間の時間延長といった業務量の増大で、正規職員は増やさずに非常勤特別職を増やしてきたという経緯があります。……今後正規職員を減らして非常勤職員に切り替えていくことを逆に提案していかないと、委託の話も無縁では済まないだろうなと危機感を持っています。……委託をさせないために非常勤職員の導入。必要というより、そうしないと生き残っていけないだろうと感じています。

　しかしながら、この場合、いったい誰が、あるいは、何が「生き残っていけないだろうと感じ」られていたのだろうか。その後、日本の図書館では、委託されたか否かに関わらず、職員の非正規化が次々と進められていった。フランスとは異なり、日本では非正規問題が貧困問題に直結する。そして、先にも述べたように、日本において、図書館の非正規職員は、いわゆる官製ワーキングプアーの代表的存在とみなされるまでになっている

Ⅲ

地方分権下での公共図書館政策

　日本と同様にフランスでも、いわゆる公共図書館のほとんどは、地方公共団体の管轄下におかれている[131]。フランスの地方公共団体は、基本的には、コミューン（commune）、県（département）、地域圏（région）の三種だが[132]、図書館の運営主体となっているのは前二者である。

　ただし、フランスのコミューンはその数が極端に多く、概して規模が非常に小さい。先にも触れたが、2023年時点のコミューン数は約3,5000、その半分以上が人口500人未満である。それでも、日本とは対照的にフランスでは、コミューンを合併するのではなく、その存在を残したまま、各種公的事業の運営を共同で行うための組織づくりが進められている。コミューン連合（intercommunalité）などと呼ばれている組織である。コミューン連合は、第四の地方公共団体ともいえる機能を果たすようになっており、図書館に関しても、コミューン連合によって運営される事例が増えている。この状況下、2017年4月に文化遺産法典が修正され、コミューンの図書館を規定する章が廃止されるとともに、コミューン及びコミューン連合による図書館を規定する章が創設された[133]。

---

131) 例えば公共情報図書館（Bibliothèque publique d'information : Bpi）のように、国が管轄しているものもある。公共情報図書館は、パリにあるジョルジュ・ポンピドゥー国立芸術文化センター（Centre national d'art et de culture Georges Pompidou : CNA）内の図書館である。
132) 憲法第72条に規定されているように、その他にも、憲法第74条に規定される海外公共団体（collectivité d'outre-mer : COM）や、独自に規定されるものがある。
133) Ordonnance n° 2017-650 du 27 avril 2017 modifiant le livre III du code du patrimoine.

一方、県の図書館は、その役割を当該県のコミューン、とりわけ小規模コミューンにおける公読書を支えることに特化させている。小規模コミューンの図書館が、県の図書館による支援を受けていることについても先述した。そして、この事態は、コミューン連合の図書館についてもあてはまる。コミューンの図書館と同様に、コミューン連合の図書館も、その多くが、県の図書館を中心とする公読書活動のネットワークに組み込まれる形で運営されているということである。要するに、フランスの公共図書館は、基本的には、コミューンないしコミューン連合の図書館、そして、県の図書館の計2種類が存在しているということになるのだが、住民への直接サービスは主として前者が担い、後者は、前者を支えることにその役割を特化させている。そして、それら2種類の図書館は、いずれもそれぞれ当該地方公共団体の管轄下におかれているということである。

　しかしながら、この位置づけ、とりわけ、地域の図書館の運営主体は当該地域であるということが法的に規定され、実践面でも定着していくのは、地方分権政策以降のことである。地方分権政策により、フランスの図書館、とりわけ公共図書館をめぐる状況は大きく変更された。例えば、上記「県の図書館」、すなわち、当初は貸出中央図書館という呼称で各県に設置された国の図書館も、それぞれ当該県議会の管轄下に置かれることとなった。それに伴い、呼称についても、貸出中央図書館から県立貸出図書館、次いで県の図書館へと変更されていったことについても先述の通りである。県の図書館だけではなく、地方公共団体の図書館の管理主体は、基本的には当該地方公共団体であることが、はじめて明確化されることになった。公務員制度改革が実施され、同改革の下、公務員としての司書職制度も激変した。

　とはいえ、フランスにおける地方分権政策の進め方は、日本のそれとはあまりにも隔たっている。図書館に関しては、1982年に、地域の図書館を管轄する文化省図書局は図書読書局に改組され、その予算も2倍に増額された[134]。加えて

---

134) Le Service du livre et de la lecture du ministère de la Culture, la Fédération nationale des collectivités territoriales pour la culture, *Bibliothèques territoriales : dispositifs d'accompagnement de l'Etat et témoignages d'élus*. 2022.

注目すべきは、地方分権一般助成基金の創設と公務員制度改革の進め方についてである。地方分権一般助成基金により、多くの地域が図書館の活性化を実現させた。

公務員制度に関しては、国と地方で互いに整合性を確保しながら、かつ全地域で統一的に適用される体制が整えられた。公務員制度の基盤となる身分規定が制定され、明確な法規定を伴う職階制も築かれた。地方分権政策が進められていく中で、だからこそ、国家と地方、そして異なる地域間での平等性を確保するための措置が講じられたのである。フランスでは、公務員制度に組み込まれた専門職としての図書館職制度が、国、地方ともに高度に確立しているのだが、この制度、とりわけ地方公務員としての図書館職制度は、地方分権改革の下で創設された図書館職制度に立脚している[135]。

図書館員に限らず、地方公務員全体の定員も大きく増員された。地方分権を進めれば、当然のことながら地方任務が増大するからである。例えば、日刊紙『ル・モンド』のサイトでは、2009年12月16日付の記事[136]として、1980年から2008年までの間にフランスにおける地方公務員の定員数は全体として71％増員されたことが報じられている。それに対して、国家公務員の増員は14％に留まったということである。

一方、日本の場合、地方分権改革と同時進行で、公務員数、中でも地方公務員数を大幅に減少させる政策が採られたことが知られている。例えば、早川と松尾による2012年の研究書[137]、とりわけその第3章には、日本において「「地方分権」という名目で……定員削減のさらなる実行が自治体に強いられるようになって」いった様子が適確に描写されている。同章では、日本の地方分権政策が、国から地方自治体への「権限移譲が財政的裏付けなしに行われてきたという流れの中で……民間委託や非正規職員の増加につながった可能性」も指摘されている。

日本においては、公共図書館に対する政府からの補助金も地方分権を理由に廃

---

135) 薬師院はるみ『フランスの公務員制度と官製不安定雇用：図書館職を中心に』公人の友社, 2019.
136) "Le nombre de fonctionnaires a augmenté de 36% depuis 1980," *Le Monde*. 2009.12.16.（Le Monde 公式頁 <https://www.lemonde.fr> より）
137) 早川征一郎，松尾孝一『国・地方自治体の非正規職員』旬報社，2012.

止された。「これまで措置されていた国の施策として、ほとんど唯一といってもよい施設補助金の廃止」が決定されたのである。廃止の理由としては、「図書館を含む公立社会教育施設の整備が一定程度いきわたったこと」も挙げられていたという。しかしながら、補助金の廃止が決定された時点において、「町村の図書館設置が……3割に過ぎな」かったという事態も確認されている[138]。

---

138) 日本図書館研究会「図書館法から館長資格要件を廃止する法改正への申入れ（小杉隆文部大臣宛）」1997.6.20.

1 フランスの場合

地方分権と地方分散

フランスにおける地方分権政策は、ミッテラン政権下、モロア首相の下で制定された、いわゆる地方分権法、すなわち、1982年3月2日付法律[139]により本格的に開始された。後に、シラク政権下、ラファラン首相の下において第二次地方分権政策（acte Ⅱ）が開始されることになるのだが、それ以降、1980年代から90年代にかけての政策は、第一次地方分権政策（acte Ⅰ）と呼ばれている[140]。なお、上記1982年3月2日付の法律は、地方分権を担当した当時の内務大臣ドゥフェール（Gaston Defferre）に因み、しばしばドゥフェール法（loi Defferre）と通称されている。

1983年には、前年の通称ドゥフェール法を受ける形で、国家の権限を地方公共団体に委譲すべく2つの法律が制定された。1983年1月7日付で制定されたいわゆる権限配分法[141]と、同年7月22日付で制定されたその補足法[142]である。なお、法（loi）を複数形で用い、これら一連の関連法も含めてドゥフェール法（lois Defferre）と総称されていることもある[143]。

それらの法律には、コミューンや県の図書館に直接関係する条項も多く存在する。例えば、1983年1月の権限配分法第4条には、「教育と文化の領域における権限移譲は、遅くともこの法律の公布日より3年以内に完遂されなければならな

---

139) Loi n° 82-213 du 2 mars 1982 relative aux droits et libertés des communes, des départements et des régions.
140) Denis Fressoz, *Décentralisation : l'exception française*. Harmattan, 2004.
141) Loi n° 83-8 du 7 janvier 1983 relative à la répartition de compétences entre les communes, les départements, les régions et l'État.
142) Loi n° 83-663 du 22 juillet 1983 complétant la loi n° 83-8 du 7 janvier 1983 relative à la répartition de compétences entre les communes, les départements, les régions et l'État.
143) Michel Verpeaux et al., *Les collectivités territoriales et la décentralisation 7e éd.*. Documentation française, 2013.

1 フランスの場合

い」と規定された。また、その半年後に制定された同法の補足法でも、第60条において、「貸出中央図書館は県に移譲される」と規定され、第61条において、「コミューンの図書館は当該コミューンによって組織され出資される」と規定された。

そして、上記「3年」の期限が迫った1986年1月には、同月20日付行政命令[144]の下、それまで国立であった貸出中央図書館は、同月1日に遡って県議会の管轄下に置かれることになった。ただし、先にも述べたが、貸出中央図書館が県立貸出図書館と名称変更されたのはそれからさらに6年後、すなわち、1992年のことである[145]。

ともあれ、地方分権政策により、フランスではさまざまな制度が激変していったのだが、中でも大きな変更は、それまで国の公施設法人 (établissement public) であった地域圏が地方公共団体となったこと[146]、県と地域圏の執行権が官選の地方長官（préfet）から各議会の議長に委譲されたこと、そして、それに併せて地方の政策を地方長官が事前に監督する制度が廃止されたことである。要するに、それまで国の出先機関としての役割を強く持っていた県や地域圏に、国家の権限が委譲されていくことになったのである。この方針の下、それまで国家の管轄であった公立図書館も、それぞれ当該地方公共団体へと委譲されていったというわけである。

とはいえ、すべてが地方に委ねられたというわけでもない。例えば、権限配分法の補足法、すなわち、1983年7月22日付法律の第61条には、「コミューンの図書館は当該コミューンによって組織され出資される」と規定されたことについては先述した。ただしこの条文の直後には、「それらの活動は、国による技術的

---

144) Décret n° 86-102 du 20 janvier 1986 relatif à l'entrée en vigueur du transfert de compétences dans le domaine de la culture.
145) 以下の法律の第6条による。
　Loi n° 92-651 du 13 juillet 1992 relative à l'action des collectivités locales en faveur de la lecture publique et des salles de spectacle cinématographique.
146) ただし、その旨が憲法に記載されたのは、2003年のことである。すなわち、以下の法律により憲法の規定が変更された。
　Loi constitutionnelle n° 2003-276 du 28 mars 2003 relative à l'organisation décentralisée de la République.

監視下に置かれる」とも記された。そして、これら2つの条文は、いずれも文化遺産法典が制定された2004年より同法典にも編纂された。より正確には、1996年2月21日付法律[147]により地方公共団体一般法典L1422-1条に編纂され、次いで、2004年2月20日付行政法規[148]、すなわち文化遺産法典を創設した行政法規により、同法典L310-1条に編纂された。そして、2017年からは、「コミューン」を「地方公共団体またはそれらの連合」に替える形で、1文目が文化遺産法典L310-1条に、また、2文目は同法典L310-2条に規定されている。要するに、地方分権政策により、地方公共団体の図書館は、それぞれ当該地方公共団体が管理することになったのだが、だからといって運営の全てが委ねられたわけでもないのである。

　フランスにおける地方分権政策の特徴として、この政策を進めながらも、それと同時に、地方分散の仕組みを維持ないし強化する政策を実施しているという点を指摘することができる。地方分散の仕組みとは、例えば地方に国家の出先機関を置くなど、国家の権限を地方に分散させることで、国家的な統制や平等を確保するための仕組みのことである。

　実際、第一次地方分権政策下で制定された1992年2月6日付法律[149]の第1条にも、「共和国の行政機関は地方公共団体と国家の分散化された公共機関により確保される」と明記された。すなわち、フランスの地方分権政策は、あくまでも国家的な均衡を主眼とし、地域格差、とりわけパリと地方との格差を是正する目的を持っていることが指摘されている[150]。この方針の下、その他の公的機関と同様に図書館に関しても、地方分権政策の実施に際しては、それと同時に国家的な統制を維持し地域格差を防ぐための仕組みが確保されたということである。

　加えて、フランスの場合、国から地方への権限移譲に伴って、そのための財政

---

147) Loi n° 96-142 du 21 février 1996 relative à la partie Législative du code général des collectivités territoriales.
148) Ordonnance n° 2004-178 du 20 février 2004 relative à la partie législative du code du patrimoine.
149) Loi n° 92-125 du 6 février 1992 relative à l'administration territoriale de la République.
　なお、同法は、しばしば loi ATR と略記される。
150) Michel Verpeau et al. 2013 前掲143)

1　フランスの場合

措置も整えられた。国から地方へと財源を移譲する措置が整えられたということである。例えば、1982年3月2日付法律、すなわち1982年の通称ドゥフェール法第102条には次のように規定された。

　　地方自治体ないし地域圏と国家との間で実施された権限移譲に起因する負担の純増分は、全て財源の移譲により補償される。

この規定を受ける形で、翌年の権限配分法、すなわち、1983年1月7日付法律の第96条では、国家予算の独自項目として、地方分権一般助成基金制度の創設が規定された。そして、1986年3月12日付行政命令[151]では、地方分権一般助成基金が支給されるコミューンの図書館を決定するための独自選抜（concours particulier）が、国家の制度として創設された。この制度により、多くの地域が、図書館の活性化を実現させている。例えば、本稿でとりあげた、図書館を「もっと開く」計画も、地方分権一般助成基金の対象となっていることについては、すでに述べたとおりである。

地域拠点図書館

地域拠点図書館（bibliothèques municipales à vocation régionale）も、地方分権一般助成基金を利用して創設されたものである。地方分権政策下、地域における文化や情報の拠点としての役割を果たすべく、各地のコミューンないしコミューン連合の首府に設置された計12館の図書館である。

1992年7月13日付法律[152]の第4条には、地方分権一般助成基金の一部を地域拠点図書館の創設に充てる計画が規定された。同条には、この計画が1997年12月31日で終了する旨も記された。次いで翌1993年2月5日付行政命令[153]

---

151) Décret n° 86-424 du 12 mars 1986 relatif au concours particulier de la dotation générale de décentralisation pour les bibliothèques municipales.
152) Loi n° 92-651 前掲145)
153) Décret n° 93-174 du 5 février 1993 modifiant le décret n° 86-424 du 12 mars 1986 relatif au concours particulier de la dotation générale de décentralisation pour les bibliothèques municipales.

III　地方分権下での公共図書館政策

には、この助成基金の交付を受けるための基準が示された。同行政命令、上記1992年7月13日付法律第4条、2017年まで地域拠点図書館を規定していた文化遺産法典L310-5条、そして、フランスの各種公的機関が公開している紹介文等を参照に、地域拠点図書館に関する公的な基準をまとめると、以下のようになる。

・人口10万人以上のコミューンないしコミューンの集合体、あるいは地域圏首府に設置されること
・印刷媒体の基本蔵書が25万冊を超えること
・1万㎡以上を確保できる建設または拡張を予定していること
・地域の協同計画に参加すること
・多様な媒体の蔵書を提供し、新しい情報通信技術を使用していること

　要するに、これらの基準を満たすような地域拠点図書館創設の企画を立て、上記独自選抜、すなわち、地方分権一般助成基金が支給されるコミューンの図書館を決定するための独自選抜に応募し、その企画が規定の期間内に認められた地域のみ、融資を国から受けることができたというわけである。なお、融資額は、創設に必要な費用の40％となっている。結果的に、対象となる36都市の内、12都市が企画を提出して認められた[154]。すなわち、融資を受けて地域拠点図書館を創設した都市は12カ所あるのだが、その一覧は、1998年6月8日付条例[155]の第1条にアルファベット順に掲載されている。
　その一覧からも明らかなのだが、地域拠点図書館は、フランス全体に均等に設置されたわけではない。フランス本土にしか設置されず、換言すれば、ヨーロッパ大陸以外の領土には設置されず、また、本土の中でも地理的に偏りが見られる

---

154) Marie-Thérèse Pouillias, "Les bibliothèques municipales à vocation régionale," *Bibliothèque municipale à vocation régionale : concept et réalités : journées d'étude, 3 avril, 24 octobre 1997*. Bibliothèque municipale de Rennes, 1998, p.85-86.
155) Arrêté du 8 juin 1998 relatif à la liste des opérations ouvrant droit au bénéfice des crédits de la troisième part du concours particulier de la dotation générale de décentralisation pour les bibliothèques municipales.

63

結果となった。例えば、1館も設置されなかった地域圏がいくつもある一方、シャンパーニュ＝アルデンヌ地域圏には3館も設置された。

補足説明しておくと、2015年1月の法律[156]に基づき、フランス本土の地域圏は翌2016年1月より計22から13に再編された。そのため、上記シャンパーニュ＝アルデンヌ地域圏も、現在では、新たに創設されたグラン・テスト地域圏に統合されている。ともあれ、地域拠点図書館全12館の内4分の1が、当時に存在していた22地域圏の内の1つに集中することになったのである。そしてこの事態は、地域拠点図書館の創設に関する政策が不平等な結果を招いたとして、問題視されることになった[157][158]。

一方、地域拠点図書館の設計は全てが著名な建築家に依頼され[159]、いずれも偉容を誇る外観を呈している。例えば、地域拠点図書館として最初に開館したオルレアンの図書館は、パリのル・モンド本部の設計も担当したリヨン（Dominique Lyon）とドゥ・ベセ（Pierre du Besset）により手掛けられ、建築雑誌にも取りあげられた[160]。なお、リヨンとドゥ・ベセは、トロアの地域拠点図書館も担当しているのだが、同館の設計により、銀の定規賞（prix de l'Équerre d'argent）を受賞している[161]。地域拠点図書館として最後に開館したレンヌのシャンリーブル図書館（Bibliothèque des Champs Libres）も、その設計を手掛けたのは、建築界のノーベル賞とも言われるプリツカー賞（prix Pritzker）をフランス人として初めて受賞した建築家、ポールザンパルク（Christian de Portzamparc）である[162]。
あるいは、マルセイユの地域拠点図書館であるアルカザー図書館（Bibliothèque

---

156) Loi n° 2015-29 du 16 janvier 2015 relative à la délimitation des régions, aux élections régionales et départementales et modifiant le calendrier électoral.
157) Jean-Christophe Brochard, *Après les inaugurations, quel avenir pour les missions régionales des BMVR ? : l'exemple de Châlons-en-Champagne et de la Champagne-Ardenne*. ENSSIB, 2005.
158) Anne-Marie Bertrand, *Les bibliothèques municipales : enjeux culturels, sociaux, politiques*. Éditions du cercle de la librairie, 2002.
159) Marc Germain, Marion Lorius, "Architectures des bibliothèques municipales à vocation régionale," *Bulletin des Bibliothèques de France*. Vol.45, No.3, 2000, p.39-48.
160) "Du Besset & Lyon : médiathèque à Orléans," *Architecture d'aujourd'hui*. No.294, 1994.9, p.28-35.
161) Ange-Dominique Bouzet, "La médiathèque de Troyes d'Equerre," *Liberation*. 2003.1.13. (Liberation 公式頁 <https://www.liberation.fr/> より）
162) "Christian de Portzamparc consacré sur ses terres," *Ouest france*. 2006.3 (hors-série), p.10.

de l'Alcazar）は、元々劇場として使用されていた歴史的建造物アルカザーを改築して建てられた。この改築は、地域の歴史的遺産、とりわけ建築上の遺産を保護し、その価値を高める計画の一環として実施された。そして同計画は、1995年より実施されているマルセイユを中心とする大規模な都市再開発事業ユーロメディテラネ計画（le projet Euroméditerrané）の中で実施されている[163]。

　以上のように、地域拠点図書館の建物は、いずれも傑出していることが指摘されている。そして、その背景には、地方分権を進めていく中で、首都以外の地域にも国立図書館に匹敵するような図書館を配置すべきとの考えがあったことが指摘されている。実際、上記1992年7月13日付法律の制定を巡る国会審議の課程では、地域拠点図書館、すなわちBMVRではなく、BMIN（bibliothèques municipales d'intérêt nationale）なる呼称を採用しようとの意見が出されていたという。地方分権一般助成基金の一部を地域拠点図書館の創設に充てる計画が規定された法律である。創設すべきは、地域に焦点を合わせた（VR：vocation régionale）図書館ではなく、国全体の利益となるような（IN：intérêt national）図書館というわけである[164]。

　結果的に、地域拠点図書館は、国家的な均衡よりも、当該地域の活性化をより重視する活動を行うこととなった。当該地域における図書館の拠点となり、それぞれの地域に応じた活動を行うこととなったということである。そのため、同じ地域拠点図書館でも、その具体的なありかたは、それぞれ多様なものとなっている。しかしながら、地域拠点図書館創設の目的には、少なくとも当初において、地方分散的な側面が多分に含まれていた。だからこそ、地理的な偏りが問題視されたのである。実際、地域拠点図書館が創設されることとなった背景には、それぞれの地域で「小さな国立図書館」の設置が望まれていたことが指摘されている[165]。

---

163) Marion Degueurse Giuliani, *Attractivité et monumentalité : l'influence du bâtiment sur la fréquentation, les usages et la perception de la bibliothèque, L'exemple de la BMVR de l'Alcazar de Marseille (Diplôme de conservateur de bibliothèque)*. ENSSIB, 2008.
164) Thierry Grognet, Marion Lorius, "Les bibliothèques municipales à vocation régionale : du mythe à la réalité," *Bulletin des Bibliothèques de France*. Vol.45, No.3, 2000, p.17-24.
165) Laurence Santantonios, "La fin d'un cycle," *Libres Hebdo*. No.635, 2006.3.3, p.11.

1 フランスの場合

図書館法

2022年には、フランスの文化省と文化に関する地方公共団体全国連盟（Fédération Nationale des Collectivités Territoriales pour la Culture）の協力により、同国の図書館に関して過去40年の歩みを振り返る便覧が作成された[166]。先にも述べたように、フランスでは1982年のいわゆる地方分権法制定以来、地方分権政策が進められてきた。この政策により、図書館、とりわけ地域の図書館に関する制度も大きく変更された。そこで、その40年、すなわち、1982年から2022年までの歩みを振り返ろうというわけである。

便覧は2部構成となっている。第1部では、まず、地域の図書館の存在意義が改めて確認され、次いで、40年の変遷を概観する章が設けられている。加えて、近年の特筆すべき出来事を関係者による証言を交えながら記録する章なども設けられている。第2部では、国による支援措置、とりわけ財政的支援を利用して図書館の活性化を実現させた地域の事例が、当該地方議員の証言を交えながら紹介されている。というのも便覧では、地域の図書館の振興には国の財政的支援が欠かせず、また、各地域の図書館は、当該地方議員が採用した文化政策を体現するものと見做しているからである。

便覧にも記されているように、フランスでは、1982年に、地域の図書館を管轄する文化省図書局が図書読書局に改組され、その予算が2倍に増額された。図書館に使用可能な地方分権一般助成基金も設けられ、毎年8,800万ユーロの予算が図書館の振興に割り当てられた。既述の通り、フランスでは、1980年代より開始された地方分権政策の下、それまで国家の管轄であった公立図書館に関する権限が、当該地方公共団体へと委譲されていったのだが、それに伴い、必要な財政措置がさまざまな形で整えられていったということである。ただし、国による支援は単なる金銭面だけに留まらない。地域の図書館を発展させるための財政措

---

166) Le Service du livre et de la lecture du ministère de la Culture, la Fédération nationale des collectivités territoriales pour la culture 2022 前掲134)

置を伴う全国計画がいくつも実施されている。その内の1つが、本稿でもとりあげた、図書館を「もっと開く」計画である。

　この流れの中、2021年12月には、いわゆる「図書館法」が制定された。たしかに、それ以前よりフランスには、図書館、とりわけ国や地方公共団体の図書館およびそれらの職員に関して、細かく規定した法規類がいくつも存在していた。それでも、フランスでは、自国に「図書館法」なるものは存在しないとみなされてきた。存在するのは、図書館が則るべき法ではなく、図書館に適用される管理運営面での規定のみであり、それらとて各種の一般法規類の中に分散していたからである。

　フランスでは、少なくとも1979年、1985年、そして1996年に、「図書館法」を制定しようとする試みがあったと指摘されている[167]。しかし、それらはいずれも結果的に断念された[168]。2004年には、同年2月20日付行政法規[169]により文化遺産法典、すなわち、文化遺産や文化財、加えてそれらを扱う機関等に関する法令や法規則を編纂した法典が創設された。フランスでは、多くの法規類が分野ごとに法典という形に編纂されているのだが、文化遺産法典もその内の1つである。そして、同法典の「第3編 図書館」には、図書館に関する法規定が編纂された。ただし、同編に編纂されたのも、図書館に適用される管理運営面での法的規則のみであった。

　なお、文化遺産法典の各編の内、「第3編 図書館」と関係が深いのは、「第2編 文書」と「第4編 博物館」であるとされている。ただし、それら両編は、いずれも当初から内容も充実し、それぞれいわば「文書法」と「博物館法」に相当するものとみなされていた。というのも、そもそも「第2編 文書」は、1979年に制定された『文書に関する法』[170]を土台に編纂され、また、「第4編 博物館」も、2002年に制定された『ミュゼ・ド・フランスに関する法』[171]を土台に編纂され

---

167) Anne-Marie Bertrand 2002 前掲158)
168) 薬師院はるみ「フランスの図書館をめぐる立法措置」『情報の科学と技術』Vol.59, No.12, 2009, p.585-590.
169) Ordonnance n° 2004-178 前掲148)
170) Loi n° 79-18 du 3 janvier 1979 sur les archives.
171) Loi n° 2002-5 du 4 janvier 2002 relative aux musées de France.

ているからである。ミュゼ・ド・フランスとは、同法により創設されたものであり、国が承認する博物館等に与えられる称号である。それに対して、「第 3 編 図書館」には、地方分権政策下で制定された管理や管轄などに関する規定のみが、そうした土台を欠いたまま編纂された。その結果、同編は「図書館法」とみなせるものではないとされてきたのである。

しかしながら、図書館を「もっと開く」ための全国計画や、この計画につながるさまざまな動きの中で、「図書館法」制定の機運が再び高まっていき、ついに 2021 年には、図書館が則るべき法、言わば「図書館法」が制定されることになった。より正確には、2021 年 12 月に制定された法律[172]により、文化遺産法典の第 3 編に新たな規定が加えられるとともに、既存の規定が修正され、同編が、「図書館法」とみなせるものになったのである。

たしかに、図書館を「もっと開く」計画と、「図書館法」制定の動きとの間に、直接的な因果関係が証明できるというわけでもない。それでも、「図書館法」制定の動きについて述べる際には、この計画にも言及することが通例となっている。その背景の 1 つとして、「図書館法」の法案作成者が、本稿でも何度か取り上げたロベール、すなわち、イル＝エ＝ヴィレーヌ県選出の元老院議員であったという事情を指摘することができる。そのため、この法律は、しばしば「ロベール法（loi Robert）」と通称されているのだが、ロベールは、2015 年 8 月に、文化担当大臣からの依頼により報告書『公共図書館の開館時間の適正化と延長』を提出している。すでに取り上げたが、図書館を「もっと開く」計画を開始する直接のきっかけともなった報告書である。また、2020 年 7 月にはこの計画に関する報告書が提出されているのだが、ロベールはその執筆者の一人であることについてもすでに述べた通りである。

2021 年 12 月の法律により、文化遺産法典の第 3 編、すなわち、同月より「図書館法」に相当するとみなされることとなった同法典「第 3 編 図書館」の冒頭に

---

172) Loi n° 2021-1717 du 21 décembre 2021 relative aux bibliothèques et au développement de la lecture publique.

は、L310-1A 条が新設された。同条には、地方の公共図書館に課せられた使命が規定されているのだが、それらは、以下の2点である。

・文化、情報、教育、探究、知識、そして娯楽を、あらゆる人が平等に享受できるよう保証する
・読書の発展を促す

　上記「読書」は、公読書の「読書」である。すでに何度も確認したように、公読書は、フランスの公共図書館が担うべき最も重要な役割の一つとされている。フランスの公共図書館には、「読書」を公のものにする役割が課せられているということである。ここでいう「読書」には、いわゆる書を読むことに留まらない意味が込められている。文字だけではなく、音や映像など、記録可能なあらゆる「文化、情報、教育、探究、知識、そして娯楽」に関することも含めた表現として使用されているということである。のみならず、それらを享受するための能力や機会、環境といった意味も含まれている。そして、公共図書館には、「読書」を「あらゆる人が平等に享受できるよう保障する」、すなわち、みんなの手が届くものにするという使命が課せられているのである。
　図書館を「もっと開く」計画も、まさしくこの使命を実現するためのものに他ならない。フランスでは，地方分権政策下、むしろそうであるからこそ、国による地方への積極的な支援がなされ続けているのである。

2　日本の場合

地方分権に伴う規制の「緩和」

　周知の通り日本では、1980年代より、いわゆる第二臨調の方針に従って行政改革が進められ、官業の民営化が次々と実施されていった。そして、図書館もこの流れと無関係ではいられなかった。それどころか、すでに確認したように、1986年には、日本図書館協会より図書館業務の委託に関する実態報告書が提出され、その中で、「図書館の運営を……委託する動きは、すでにひとつの潮流として存在している」と指摘されるまでになっている。

　この「潮流」と並行し、図書館の世界では、祝日開館や夜間の時間延長などが議論すべき問題として捉えられるようになっていった。というのも、同じく、すでに確認したように、1980年代より問題になっていった「図書館の管理運営を……委託する事例」は、「年中無休・夜間開館を実施」するという名目の下で強行されたものが多かったからである。この状況下、図書館員自らによる、「正規職員を減らして非常勤職員に切り替えていくことを……提案していく」べきとの意見まで提出された。「委託をさせないために非常勤職員の導入」が「必要」であり、「というより、そうしないと生き残っていけない」というわけである。

　以上のような流れの中で、各地の図書館では、いわゆる非正規の職員に依存する割合が加速度的に増えていった。その結果、すでに2012年には、「図書館の非正規割合は、他の産業と比較しても突出している」[173]と言われる状況となっている。フランスとは異なり日本の場合、非正規問題は貧困問題に直結する。2024年6月6日には、衆議院第2議員会館で「これでいいのか図書館　担い手にまっとうな待遇を求める院内集会」が開催され、同日付で「公共図書館・学校図書館

---

173) 上林陽治『非正規公務員』日本評論社, 2012.

に働く非正規雇用職員の待遇改善を求めるアピール」が提出された。それによれば、「公共図書館職員、学校図書館職員の70％以上は、非正規雇用職員で」あり、「有期雇用への不安、独立して生計を立てることのできない低賃金、正規雇用職員と大きな格差がある諸手当・休暇・昇給制度等の多くの問題をかかえてい」るという。

　一方、日本の場合、行政改革が進められていく中で、当時の図書館界が専門職としての司書職制度というコトバを用いて目指していた制度、すなわち、公務員制度に組み込まれた形での司書職制度の実現可能性を、かろうじて支持していた法的基盤までもが、非難の対象とされるようになっていった。例えば、1984年10月の地方自治経営学会による報告書「自治体行革を阻害する国の側の要因」[174]には、公共図書館に関して、次のように記されている。

　　…事務内容の面でみても、必ずしも司書等の有資格者でなければ混乱をまねくという状況ではない。
　　　今後は、司書の代りに非常勤嘱託員の配置……という方法もとれるよう、国の必置規制を改める必要がある。

　補足説明しておくと、当時においては、地方公共団体が図書館建設に対する国の補助、具体的には、「公立社会教育施設整備費補助金」を受ける条件として、館長が司書有資格者であることや、人口に応じて決められた人数以上の司書を配置することなどが義務づけられていた。具体的には、「図書館法」第13条第3項と第19条から第21条、そして「図書館法施行規則」第2章公立図書館の最低基準の諸条項に規定されていた。つまり、上記「必置規制」とは、これらの規定のことを指している。

　日本の場合、公共図書館に司書有資格者を置くことは義務ではない。この状況下、「必置規制」の存在は、図書館における司書の配置率を少しでも上げることに貢献

---

174) 以下に「抄」が所収。
　　図書館問題研究会編『「委託」しません!!直営で住民の学習権の保障を！: 図書館の委託問題を考える集い―長野市の図書館委託を問う―記録集』図書館問題研究会, 1985, p.85-92.

していると認識されてきた。ところが、この「必置規制」が、「自治体行革を阻害する……要因」になっていると主張されたのである。

地方自治経営学会は、翌1985年の『国が妨げる自治体行革』[175]でも、これらの「必置規制」つまり、図書館建設補助金申請時における館長の司書資格要件と司書の配置基準が、自治体行革を阻害していると訴えた。「…図書館……等には、専任の長をおき、職員の配置基準が国で決められているため、自治体では、減員もできないし、非常勤職員やボランティアの活用、地域住民の自主管理もできない」というわけである。

その後も、これらの「必置規制」、なかでも館長の資格要件は、「自治体行革を阻害する……要因」として非難され続ける事になる。例えば、1991年1月には、当時の熊本県知事・細川護煕氏と出雲市長・岩国哲人氏による著書[176]において、「現実に即さない規定を無理におしつけられ」たものとして批判された。自治体での減量経営、行政改革を進めるためには、図書館長に有資格者を充てる必要はなく、それどころか「専任の長」を置く必要もなく、また「司書の代りに非常勤嘱託員の配置」をしたり、司書を「減員」して「非常勤職員やボランティアの活用、地域住民の自主管理」をしたりすることが、望ましいというわけである。

この流れに対抗すべく、図書館界では様々な取り組みが実施された。例えば、1984年には、図書館員の問題調査研究委員会により、小冊子『すべての公共図書館に司書の制度を』[177]が発表された。同冊子には、公務員制度に組み込まれた司書職制度の具体的なあり方が示されている。図書館員の問題調査研究委員会は、翌1985年にも司書職制度に関する調査報告書[178]を発表した。この報告書では、「司書職制度先進自治体における図書館の典型調査」などが報告されている。この報告書は、これら「の調査を軸にして、司書職制度確立への道を探ることを目的としたもの」であるという。その2年後、すなわち、1987年9月の『図書

---

175) 地方自治経営学会編『国が妨げる自治体行革』中央法規, 1985.
176) 細川護煕, 岩国哲人『鄙の論理』光文社, 1991.
177) 日本図書館協会図書館員の問題調査研究委員会編『すべての公共図書館に司書の制度を』日本図書館協会, 1984.
178) 日本図書館協会編『公立図書館職員の司書職制度：調査報告書』日本図書館協会, 1985.

館雑誌』に掲載された「公立図書館の任務と目標（最終報告）」[179]でも、「公立図書館は地方公共団体が直接に経営すべき」ことや、「司書（司書補）を専門職種として制度化すべき」こと等が提言された。

　一方、少なくとも1980年代において、図書館業務の外部委託化に対しては、図書館界のみならず、文部省もどちらかといえば否定的な立場をとっていた。例えば、本稿でも確認したように、1986年3月6日の衆議院予算委員会では、齊藤尚夫・文部省社会教育局長と海部俊樹・文部大臣のいずれもが、公立図書館の基幹的な業務は民間委託になじまないと答弁している。そして、これを支持した図書館関係者は、事あるごとに、これらの答弁を引き合いに出してきた。

　しかしながら、社会的な状況は、公務員制度に組み込まれた形での司書職制度の実現を、ますます困難にする方向へと動いていくことになる。日本の場合、地方分権政策が本格的に推進されていくのは、1990年代半ば頃からといわれている。この状況下、1997年には、「これまで続けてきた公立図書館建設に対する国の補助を全廃する」ことが決定された[180]。ここでいう「国の補助」とは、先にも取り上げた「公立社会教育施設整備費補助金」のことを指している。「同補助金は、1997年7月の地方分権推進委員会の勧告により、地方公共団体の自主性・自立性を高める観点から廃止され」[181]、それ以降は「起債等」により「地方公共団体が単独で整備することとなっ」たのである[182]。

　ともあれ、「図書館建設に対する国の補助を全廃」したことに伴って、上記「必置規制」もなくなった。具体的には、1999年のいわゆる「地方分権一括法」、すなわち、「地方分権の推進を図るための関係法律等の整備に関する法律」により、「図書館法」第13条第3項、第19条、そして第21条は削除され、連動して同法施行規則第2章も削除された。先述したが、それらには地方公共団体が図書館建設

---

179) JLA図書館政策特別委員会「公立図書館の任務と目標（最終報告）」『図書館雑誌』Vol.81, No.9, 1987.9, p.555-562.
180) 日本図書館研究会 1997.6.20 前掲138)
181) 小泉公乃「公立図書館における補助金・交付金の活用」『カレントアウェアネス』No.349, 2021.9, p.5-8.
182) 日本図書館協会「図書館に関する政策についての日本図書館協会の質問と政党の回答」2009.8.

に対する国の補助を受ける条件として、館長が司書有資格者であることや、一定数の司書を配置することなどが規定されていたのだが、それらが撤廃されたのである。

各地域の自助努力による図書館振興

2007年に発表された、日本の「公共図書館政策に関する文献をレビュー」した論考[183]にもあるように、「国の公共図書館政策は、……文部科学省が中心になって立案している」。しかしながら、この論考には、次のようにも記されている。

> 近年の文部科学省による図書館振興策は、補助金等の誘導的で実効性が高いコントロール手段によってではなく、モデル、報告、基準の提示といった、いわばソフトなコントロール手段によって推進されている。

要するに、「図書館建設に対する国の補助」が「全廃」されて以来、国による公共図書館振興策は、補助金を伴わないものが中心になっているということである。実際、この事態は、文部科学省により公表された公共図書館政策に関する各種文書類などからも確認できる。「近年の文部科学省による図書館振興策は、補助金等……ではなく、モデル、報告、基準の提示といった…手段によって推進されている」という事態、より直裁的に表現すれば、各地域の自助努力や意識改革等に大きく依存する形での「図書館振興」が「推進されている」という事態である。

例えば、2006年3月付で『これからの図書館像』[184]及びその『実践事例集』[185]が公開された。後者は、前者でなされた提言を実践している事例を示し、「今後、新たな事業に取り組む際の手がかりとなる」ことを目的に作成されたものであるという。とはいえ、「新たな事業に取り組む」ための、何か「実効性が高い……手

---

183) 松本直樹「公共図書館政策の研究動向」『カレントアウェアネス』No.294, 2007.12, p.30-36.
184) これからの図書館の在り方検討協力者会議『これからの図書館像：地域を支える情報拠点をめざして』2006.
185) 図書館未来構想研究会『これからの図書館像：実践事例集』2006.

段」が用意されたというわけではない。1頁に青枠で囲って強調されているように、この文書及び事例集は、「これからの図書館運営に必要な新たな視点や方策等について」、あくまでも「提言を行うもの」なのである。「図書館で働く皆さん……も意識改革を図ることが必要」というわけである。

あるいは、文部科学省は、「図書館の現状や課題の把握、分析を行い、生涯学習社会における図書館の在り方について調査・検討することを目的として、……「これからの図書館の在り方検討協力者会議」を設置」[186)]した。そして、同会議による各種文書からも、「これからの図書館」の振興が、地域の自助努力や意識改革等に依存する形で推進されていくこととなった事態が確認できる。中でも、「これまでの議論の概要」[187)]には、この事態を示す記述がいくつも見つかった。なお、この文書には作成年月日が記されてないのだが、2005年8月かそれ以前のものであろうと思われる。というのも、2005年8月25日付の『カレントアウェアネス -R』[188)]で「文部科学省の「これからの図書館の在り方検討協力者会議」の中間報告のようなもの」として紹介されているからである。

ともあれ、同会議による、この「中間報告のような」文書には「図書館の現状」について次のような認識が示されていた。

> 予算や職員の削減により、図書館は体力を失いつつあり、新たなニーズへの対応が困難となってきている。

その一方で、この文書には、次のように記述されているのである。

> 今後の社会では自己判断・自己責任の傾向が強まると考えられる地方公共団体については、地方分権の推進に伴い、……国などの関与の減少

---

186) 「文部科学省、「これからの図書館の在り方検討協力者会議」設置」『カレントアウェアネス -R』2006.11.27. (カレントアウェアネス -R 公式頁 <https://current.ndl.go.jp/car> より)
187) これからの図書館の在り方検討協力者会議「これまでの議論の概要」
188) 「これからの図書館の在り方検討協力者会議」『カレントアウェアネス -R』2005.8.25. (カレントアウェアネス -R 公式頁 <https://current.ndl.go.jp/car> より)

2 日本の場合

や自主財源の確立などにより、独自の政策立案・遂行能力が求められる……図書館の運営のための財源確保については、地方公共団体自らによる努力と工夫を求めたい

例えば、以上の記述が示すように、日本においては、「1997年7月の地方分権推進委員会の勧告により」、公立社会教育施設整備費補助金が「地方公共団体の自主性・自立性を高める観点から廃止され」て以来、公共図書館の振興、とりわけその「財源確保については、地方公共団体自らによる努力と工夫」によって進められることとなったのである。

一方、すでに確認したように、ちょうど時を同じくして、図書館の資料費予算額や専任職員数は、次々と削減されていった。かくして、2011年3月には、日本図書館協会が発行する雑誌において、「図書館ワーキングプアー」と題した特集[189]が組まれるまでとなっている。2017年3月の『図書館界』では、「この困難な時代にあって図書館は何をすべきか」という特集[190]が組まれている。この特集に関する「テーマ設定の趣旨」には、「図書館は、出口の見えにくい困難な時代に置かれている」状況が、個人貸出数や専任職員数、そして資料費予算額の落ち込みを示すグラフを添える形で記述されている。「こうした時代にあって、図書館の役割について、さまざまな考え方が、図書館の内外で濫立するようになっている」とも指摘されている。実際、同じくちょうどその頃より、各地の図書館では、時流に乗った新しい役割が次々と持ち出されるようになっていた。その背景として、「図書館は、自らのレゾンデートルを明確にすべきであるし、…強くアピールしていく必要」があり、それどころか、「存在意義を地域に対ししっかりと示していかなければ、……生き残れない」とまで言われていたことについても、すでに確認した通りである。

なるほど、1997年以降には、公共図書館が利用できる国による補助金などが

---

189)「図書館ワーキングプア：雇用の〈非正規〉分布」『現代の図書館』Vol.49, No.1, 2011.3, p.3-71.
190)「特集：この困難な時代にあって図書館は何をすべきか」『図書館界』Vol.68, No.6, 2017.3, p.334-399.

全く設けられなかったというわけではない。実際、2021年9月の『カレントアウェアネス』にも、「公立図書館に関する補助金、交付金、助成金を中心に」、「1997年度限りで廃止された「公立社会教育施設整備費補助金」以降の外部資金を概観」した論考[191]が掲載されている。そして、ここでいう「外部資金」には、「民間からの寄付・募金……、雑誌スポンサー制度…、…命名権…やクラウドファンディング…といった手段」や「民間財団等による助成金」、あるいは「都道府県が設けている補助金」だけではなく、「政府からの補助金」なども含まれている。例えば、総務省による住民生活に光をそそぐ交付金で多くの図書館が図書を購入したことや、いくつかの図書館の取り組みが「内閣府の「地方創生加速化交付金」の交付対象事業」に選定されたこと、あるいは、「電源立地地域対策交付金」、「社会資本整備総合交付金」、「新型コロナウイルス感染症対応地方創生臨時交付金」などを利用した図書館があったことも紹介されている。

　しかしながら、「その後の地方創生に関わる主な交付金……では、図書館事業を主要な交付目的としていない」ということである。また、「地方公共団体への補助事業については、内閣府のウェブサイトでまとめられているが、現在明示的に公立図書館を対象としたものは見受けられない」ということである。そのため、各地の図書館では、あらゆる交付金などの「補助事業の内容をよく精査し自らの図書館が必要とする新しい事業に適合する場合には……活用することができる」よう「検討しておく必要がある」というわけである。

　以上のような状況を踏まえ、この論考では、これからは各地の図書館も「新たな経営資源獲得の活動をしなければ」ならないと主張されている。そうでなければ、「日本の公立図書館に未来はない」という。「外部資金獲得の機会を逃さないためには…不断の努力が欠かせ」ず、また、「自らの事業にうまく適合する外部資金がない場合は、政府や関連団体などに要求していくロビー活動も重要となる」というのである。

　なるほど、事態は、全くその通りなのであろう。しかしながら、根本的な疑問

---

191) 小泉公乃 2021.9 前掲 181)

として、そもそも公共施設は、生き残るためにあるのだろうか。「強くアピール」しなければ、「自らのレゾンデートル」も「明確」にできないような公共施設に、貴重な税金を投入する必要があるのだろうか。公共図書館は私企業ではない。知識や文化を支えるための公共文化施設である。当然ながら、個々の図書館がそれぞれの「地域において、真に必要な公共サービス」を目指して各々努力する必要性を否定しているわけでは決してない。だが、そのことと、図書館振興を自助努力や意識改革に大きく依存する形で推進するよう鼓舞することは、断じて同じではないと思う。「真に必要な公共サービス」であるなら、「強くアピール」することよりも、たとえ「周囲から認められ」なくとも、そのサービスの実践に力をそそぐべきではないのだろうか。そもそも、公共施設はそのために存在するのではないのだろうか。

なお、「これからの図書館の在り方検討協力者会議」による「中間報告のようなもの」には、次のようにも記されていた。

> ……図書館には昔から図書館法があり恵まれている。これまで図書館の目的や役割を実現するためにどのような努力が行われてきたのかを考える必要がある。

ここでいう「図書館には昔から図書館法があり恵まれている」とは、図書館には昔から法的な保護があるため恵まれているということだろうか。実際、数年前に漸く「図書館法」が制定されたフランスとは対照的に、日本で「図書館法」が制定されたのは、今から三四半世紀も前のことである。とはいえ、以下でも確認するように、この法律は、あまりにも規制力を欠くことが当初から問題視されていた。

「勧告的立法」としての「図書館法」

日本の公共図書館は、「図書館法」に基づいて設置されている。「図書館法」が

---

192) 中井正一「圖書館法ついに通過せり」『図書館雑誌』Vol.44, No.4, 1950.4, p.54.

制定されたのは1950年4月、今から三四半世紀前のことである。当時の日本図書館協会理事であった中井正一が、同月の『図書館雑誌』に掲載された記事[192]の中で述べているように、この法律は、図書館関係者が、終戦直後より「数年間、……實に多くの討論をし、實に多くの交渉をし、海を越え山を越えて」漸く制定に漕ぎ着けたものである[193]。

しかしながら、「この法律は実質において乏しいために、立法化の運動を推進した人たちの間に不満を残した」[194]ことが知られている。というのも、例えば中央図書館制度や司書の必置規定、あるいは義務設置の規定など、当時の図書館関係者が強く望んでいた内容がほとんど盛り込まれなかったからである。換言すれば、図書館の制度設計を、国として公的かつ充分に支えるものにはなり得なかったということである。

実際、日本の公共図書館は、設置数や規模、運営方針や職員体制などはもちろん、そもそも設置するか否か、職員に司書を採用するか否かまで、各地方公共団体の裁量に任されている。先述の「必置規制」を撤廃させるまでもなく、図書館長に有資格者を充てなくとも、あるいは、「司書の代りに非常勤嘱託員の配置」をしたり、司書を「減員」して「非常勤職員やボランティアの活用、地域住民の自主管理」にしたとしても、当初より実際には「図書館法」に違反しているというわけでもなかったのである。

この事態も影響してか、すでに確認したように、日本の町村では、2023年現在でも図書館設置率が6割以下、村だけだとわずか3割となっている。職員体制に関しても、ますます脆弱なものになりつつある。この状況下、2022年7月には、図書館問題研究会が、アピール「図書館法を改正して公立図書館に司書の必置を」[195]を採択した。このアピールには、次のように記されている。

---

193)「討論」や「交渉」の経緯については、以下、とりわけ第一部Ⅰ〜Ⅲで詳述している。
　　薬師院仁志,薬師院はるみ 2020 前掲 4)
194) 森耕一『図書館の話』至誠堂, 1981.
195) 以下に掲載されている。
　　『みんなの図書館』No.545, 2022.9, p.69.

> このままの状態が続くと、公立図書館を支える正規専門職としての「司書」の存続さえも危ぶまれます。……私たちは「司書の必置」をより明確にするよう、……図書館法の改正を求めます。

ここで、日本の図書館界では、これまで何十年にも渡り、法的保護を求めることが強く戒められてきたことを忘れてはならない。法律の整備よりも、むしろ「住民路線」なる自助努力論が正しいとされてきたのである。ただし、当初からそうだったわけではない。

なお、一口に図書館といっても様々な種類のものがあるのだが、「図書館法」は公共図書館のみに適用される法律である[196]。そのため、構想段階では「公共図書館法」と呼ばれていたこともあるらしい。例えば、1950年3月11日付『毎日新聞』の社説[197]には次のように記されている。

> 国の財政が苦しいため、握りつぶしとなつていた「公共図書館法案」が形を変えて国会に提出され、衆参両院の文部委員会にかかつている。「公共図書館法案」では、全国の都道府県、市町村に、もれなく図書館を設置する義務を負わせ、その代り政府が卅五億円の支出を引受けようというガッチリした法案であつた。ところが今度は、政府は一文も金を出さず……名前も単に「図書館法案」とアッサリ譲り、何でもよいから図書館は建てた方がよい。設備や運営の優秀なものには、やがて政府から補助金を与えることも考慮してやろうという程度の勧告的立法である。

上記社説にもあるように、結果的に「図書館法」は、強制力や財政的措置をまるで欠く、いわば「勧告的立法」に過ぎないものとして制定された。この法律が参議院を通過した当日には、山本勇造参議院文教委員長（作家の山本有三）が、

---

[196] ただし、同法が規定する公共図書館には、地方自治体による公立図書館のみならず、一部の私立図書館も含まれる。とはいえ、圧倒的大多数は前者である。
[197] 「図書館をわれわれの手で」『毎日新聞』1950.3.11.

日本図書館協会事務局長の有山崧に対して、次のように述べたことも記録[198]されている。

　　君、この法案はヒドイね。之で圖書館界は満足してゐるのかね。通せとおっしゃるから通したが、全く寄木細工みたいではないですか。

　同年、すなわち、1950年7月号の『法律のひろば』には、中井正一により、その背景事情を記した記事[199]が掲載されている。中井の言葉を借りれば、「一見何の経費を要せぬ屁の様な法案と見えるものとして装われなければならない運命を、この法案は生れるときに擔っていた」事情である。それによれば、「五年越しの紆余曲折のはての刀折れ矢つきた形の法案」ではあったものの、日本図書館協会「理事長の責務にあった私は、（昭和）二十五年度の提出の機を失したならば、或は永遠にその時をもたないかも知れないと見た」ということである。「そこで、弱い法案なら通さない方がよいと云う一部の館界の意見を説き伏せ……法案通過のためには最小限度の予算措置をも忍ぶと云う統一態勢に、まとめあげた」というわけである。

　ただし、中井は、法制定と同月の文章、すなわち、上掲1950年4月号の『図書館雑誌』の記事[200]の中で、「勿論われわれは、未だ多くの夢をもっている」とも述べている。法成立を、あくまでも「勝利への第一歩」と位置づけ、「法の不備は、館友自體の努力をもって覆いかくさなければならない」とも述べている。その上で、「すべての圖書館の關係者は外部に向って……即刻行動を起すべきである」

---

198)「圖書館法あれこれ」『図書館雑誌』Vol.44, No.4, 1950.4, p.71.
　なお、上記記事には単に「Y委員長」と記されているのだが、例えば以下など、いくつもの文献に「Y委員長」とは山本勇造参議院文教委員長、すなわち作家の山本有三であると明記されている。
　清水正三「図書館法の制定・改正・廃止をめぐる運動史のメモ」『図書館評論』No.17, 1977.3, p.41-50.
　裏田武夫「序論：問題提起のために」日本図書館協会編『図書館法研究：図書館法制定30周年記念・図書館法研究シンポジウム記録』日本図書館協会, 1980, p.7-28.
　是枝英子他編『現代の公共図書館・半世紀の歩み』日本図書館協会, 1995.
199) 中井正一「図書館法樂屋話」『法律のひろば』Vol.3, No.7, 1950.7, p.20-21.
　括弧内は引用者による。
200) 中井正一 1950.4 前掲192)

と訴えている。「この努力が…次の法制定のきっかけ」になるというわけである。しかしながら、中井本人は、「次の法制定」という夢に携わることもなく、その2年後に他界してしまう。

　日本図書館協会事務局長であった有山崧も、1950年1月号の『教育と社会』に掲載された記事[201]の中で、構想段階にあった「公共図書館法」について、「不満足ながら現状で可能な程度で我慢しなければならなくなった」と嘆いている。その上で、「緊褌一番、大いに本物の法律を戦いとるべき覚悟を新たにする必要が痛感される」と訴えている。というのも、「殊に、町村までの義務設置」などは、「図書館界の最も熱望する肝心のところであるが、結局望みがもてない仕儀となって了った」からである。そして、「図書館法」制定後、具体的には、翌年1月号の『図書館雑誌』の記事[202]において、「我々はこの法律が制定された直下にその修正のために努力を開始することを声明した」と謳い上げているのである。

　なるほど、その後、県立図書館に関しては、1950年代半ば頃より、いわゆる「マンモス建築」の図書館が次々と設置されていった。それらはいずれも、「1億を越える巨大なもの」であったという[203]。その一方で、いわゆる大図書館と中小図書館との間には大きな格差が存在し、それどころか、その差はますます開いていく一方だった。のみならず、「一九五四年に百二十三館あった村立図書館は、一九六四年にはわずか十四館になった」[204]ということである。というのも、1953年には「町村合併促進法」が施行され、「町村立図書館の数は合併の結果いちじるしく減退し」[205]たからである。

　以上のような状況下、1950年代には、図書館関係者を中心に、「本物の法律を戦いとる」ための試みが何度も実施された。当時の図書館関係の文献にも、この史実を示す夥しい数の記録が残されている。ただし、1957年の「図書館法改正

---

201) 有山崧「図書館は生きている」『教育と社会』Vol.5, No.1, 1950.1, p.48-51.
202) 有山崧「「圖書館法第六條改正の提唱」『圖書館雑誌』Vol.45, No.1, 1951.1, p.3.
203) 蒲池正夫「公共図書館（1959年の図書館界）」『図書館雑誌』Vol.53, No.12, 1959.12, p.491-493.
204) 是枝英子他編 1995 前掲198)
205) 蒲池正夫 1959.12 前掲203)

草案」では、町村への義務設置は外された[206]。というのも、1960年当時でも、総計3574の市区町村のうち、その85％弱に当たる3013を町村が占めていたからである[207]。これだけの数の町村にまで義務設置を求めることは、現実的にも不可能と判断されたのである。しかしながら、それは事実上、町村部の図書館の切り捨てと紙一重であった。それ以上に大きな焦点となったのが、職員の問題、とりわけ司書の学歴資格の問題である。この問題に関しても、いわゆる大図書館と中小図書館との間には容易には埋め難い溝があった。

結果的に、法改正の試みは、図書館界の中からそれに反対する運動が起こったことで潰えてしまう。のみならず、その後、日本の図書館界では、いわゆる「大図書館中心主義」が敵視され、そこから中央図書館制と中央集権が同一視されるようになり、さらには中央集権と戦前思想が混同されていく。すなわち、"中央図書館制度＝大図書館中心主義＝戦前的＝非民主的"という教条主義的な定説が、まるで思想統制のごとく図書館界を席巻していくことになるのである。

この定説の下、いわゆる「下からの」図書館づくりこそが、真に「民主的」で「正しい」あり方なのだと説かれるようになっていく。現場の図書館職員がそれぞれ自助努力により支持者を増やし、図書館支持者となった住民がそれぞれ声をあげて設置や改善を要求していくというやり方である。反対に、法的基盤を伴えて公的な制度設計を進めるというやり方は、国家による統制だとして否定視される。当時に提出された「法改正草案」は「大幅な国庫補助と引き換えに、戦前の中央図書館制度を復活させ、統制管理しようとする」ものであったとの解釈[208]も提出されており、日本の図書館界では、この解釈が無批判に受け入れられているのである。

この解釈の下、当時において「図書館法の改正運動に取り組んだ」のは、「図書館法に示された新しい図書館理念も理解できなかった県立図書館長クラスの主要メンバー」であったとの見解[209]まで提出されている。この見解に従えば、「法の

206）「図書館法改正草案」『図書館雑誌』Vol.51, No.12, 1957.12, p.554-557.
207）総務省統計局『第65回　日本統計年鑑　平成28年』総務省統計局, 2015, 963p.
208）是枝英子他編 1995 前掲 198）
209）是枝英子他編 1995 前掲 198）

強制力と国の財政力によって、図書館を発展させようという考え方」には、「自由な図書館活動を国が統制する危険があった」ということであるらしい。そのため、「住民路線」なる旗印を掲げる「若い図書館員の学習集団」を中心に、法改正が阻止されたと説明されているのである。なお、ここでいう「住民路線」とは、「図書館を支持する住民が、地方議員に図書館の設置や、改善を求め」るやり方、要するに、数を頼んで自治体当局に圧力をかけるということに他ならない。以上の経緯やその背景事情に関しても、別稿[210]で詳述している。

「定番の物語」がもたらしたザル法礼賛論

日本の図書館界では、「一九六〇年前半の館界は、一九五〇年代から引き続いて、明るい見通しはなく、八方ふさがりで、暗澹たる状況だった」[211]というのが通説となっている。しかしながら、先にも触れたように、「暗澹たる状況」にあったのはいわゆる大図書館ではなく、主として中小図書館だったというのが真相である。それでも、法改正の試みが「若い図書館員の学習集団」によって阻止された後、日本の公共図書館、少なくとも、中小規模の図書館は、「有効な打開策をもつことができないまま低迷し」[212]ていくことになるのである。

日本の図書館界には、この低迷脱出にまつわる「定番の物語」が存在する。それによれば、1963年の通称『中小レポート』[213]と、その2年後に開館した日野市立図書館による実践が、低迷脱出の契機になったとされている。加えて、全国の図書館員に、この図書館の実践を見倣うよう駆り立てることになる刊行物、すなわち日本図書館協会により1970年に刊行された『市民の図書館』[214]を、低迷脱出の原動力と位置付けることも常套的となっている。

この物語は、日本の図書館界で何度も何度も何度も何度も、文字通り数えきれ

---

210) 薬師院仁志, 薬師院はるみ 2020 前掲 4)
211) 是枝英子他編 1995 前掲 198)
212) 日本図書館協会編『戦後公共図書館の歩み：図書館法30年記念（図書館白書1980）』日本図書館協会, 1980.
213) 日本図書館協会編『中小都市における公共図書館の運営：中小公共図書館運営基準委員会報告』日本図書館協会, 1963.
214) 日本図書館協会編『市民の図書館』日本図書館協会, 1970

ないほど繰り返して語られてきた。のみならず、戦後の日本における公共図書館の歩みは、この「定番の物語」の筋立てに無理矢理にでも準拠しながら叙述するのが仕来りとなっている。その結果、例えば名古屋市の1区1館計画など、この筋立てには当てはまらない経緯を辿った出来事まで、この物語に埋め込む形で語ろうとする傾向が認められた。この事態についても別稿[215]で詳述している。

なお、通称『中小レポート』とは、清水正三を委員長とする中小公共図書館運営基準委員会による報告書である。後に清水が書き残しているところ[216]によれば、19「60年の初夏、日図協の有山事務局長から、『中小都市における図書館運営の基準』をつくりたいからということで、……委員長委嘱の要請があった」ということである。

ただし、有山自身は、同年、すなわち1960年の時点でも、「図書館法の改正のためには、その根本前提としてナショナル・プランが必要である」[217]と述べていた。加えて翌1961年、その有山が「何から始めるべきか」と問いかけた論考[218]には、「現実の図書館法が十全で改正の要はないとは誰も考えはすまい」と記されている。その他にも、残された資料を素直に読めば、通称『中小レポート』は、「何から始めるべきか」という自問に応える最初の出発であり、ひいては「図書館法」改正の「根本前提としてナショナル・プラン」を策定する第一歩であったと判断できる。

実際、上記委員会の一委員であった石井敦も、「中小レポートは、……日本の公共図書館の全国計画（ナショナルプラン）の最初の出発としての意義」[219]を持つものであったと証言している。というのも、周知の通り、通称『中小レポート』の焦点は、「人口5万から20万の都市」に当てられていたからである[220]。この「人口5万」という下限は、当時の地方自治法が市の要件として挙げた原則に沿っている。しかし当時において、基礎自治体の内この人口要件を満たすのは、全体の

---

215) 薬師院はるみ『名古屋市の1区1館計画がたどった道：図書館先進地の誕生とその後』八千代出版, 2012.
216) 清水正三 1977.3 前掲 198)
217) 有山崧「年の始めに思うこと」『図書館雑誌』Vol.54, No.1, 1960.1, p.27.
218) 有山崧「何から始めるべきか：遵法の提唱」『図書館雑誌』Vol.55, No.6, 1961.6, p.181-183.
219) 石井敦「中小図書館は王様」『図書館雑誌』Vol.67, No.4, 1973.4, p.132-133.
220) 日本図書館協会編 1963 前掲 213)

2　日本の場合

20％にも満たなかった[221]。換言すれば、80％以上の自治体が、人口5万人以下だったということである。「だから、つづいて人口5万以下の市町村図書館に対して小図書館運営研究委員会が組織され『小図書館の運営』（1966年）の発表となり、さらにこれら2つのレポートを踏まえて都道府県立図書館運営研究委員会が〈県立図書館〉について報告を出すレールまでしかれていた」のである[222]。

しかしながら、後に清水が述べているように、「それらは残念ながら"中小レポート"のような実を結ばなかった」[223]。石井にしても、「ナショナルプランは宙に浮いてしまった」[224]と述べている。一方、有山は、1967年12月に胃切除手術を受けており、1969年3月には逝去してしまう。以上の経緯についても詳細は別稿[225]に委ねるが、結果的な事実として、この頃から「ナショナルプランは宙に浮いてしま」うことになったのである。

いずれにせよ、『中小レポート』は「公共図書館の全国計画（ナショナルプラン）の最初の出発」として企画されたものであり、それに続いたのが『小図書館の運営』のはずであった。ところが、肝心の「ナショナルプランは宙に浮い」たまま、『中小レポート』ばかりが聖典化されていった。しかしこの史実が「定番の物語」の文脈で語られることは皆無である。その一方で、日野市立図書館そのものがナショナルプランの権現と化していった。日野市立図書館は、いつの間にか「町村立」も含めた図書館の代表例となり、さらには全国の図書館の模範であるかのように語られてゆくことになるのである。

ただし、同じく周知の通り、日野市立図書館とは、「日本図書館協会事務局長であった有山崧」が、「生地でも居住地でもある日野市」において、「市長に強く働きかけてこれを動かし」て設置させた図書館である。「しかも開館準備がほぼ整った」1965年「8月に、有山自身が市長に選出され」ている[226]。この図書館には、

---

221)「市町村数の変遷と明治・昭和の大合併の特徴」（総務省 公式頁 <http://www.soumu.go.jp> より）
222) 石井敦 1973.4 前掲 219)
223) 清水正三「"中小レポート"の果した役割と今後の展望："中小レポート"前夜の図書館界」『図書館雑誌』Vol.77, No.11, 1983.11, p.696-698.
224) 石井敦 1973.4 前掲 219)
225) 薬師院仁志, 薬師院はるみ 2020 前掲 4)
226) 日本図書館協会編 1980 前掲 212)

Ⅲ　地方分権下での公共図書館政策

有山の力により、開館当初から破格の資料費が付けられたことでも知られている。その金額は、「いかに破天荒のことであったか」[227]と言われるほどのものであったという。

たしかに、同じく繰り返して語られてきたように、日野市立図書館が成功した背景には、「前川館長以下10数名の職員の「血みどろの努力」」[228]があったことも事実なのであろう。しかしながら、問題は、日野市立図書館による「血みどろ」の自助努力による「成功」が、法律の改正や整備に裏づけられた図書館の発展を否定してしまった点にある。この図書館での実践が、法の力に頼らず、『中小レポート』の方法論に沿った積み上げ式の自助努力で発展した例証とされていくことになるのである。

日野市立図書館が体現して見せた自助努力論は、圧倒的大多数の基礎自治体には、実際には適合しない。それにもかかわらず、日野市立図書館の方式が、あたかも絶対的な本則のごとく語り継がれてゆくのである。自助努力によって「成功」した「日野市立図書館は、全国の図書館に、やればできること、そして、その「やり方」を示した」[229]と語り継がれているのだが、それは同時に、法に裏づけられた図書館の発展を否定することでもあった。

実際、日本の図書館界では、いわゆる〈上から〉の制度や政策に期待する態度が戒められるようになっていった。ほんの一例を挙げれば、1967年12月号の『図書館雑誌』には、「国庫補助とか義務設置とか、ともすれば国の力を借りようとする意識の傾向を大いに反省すべき」との見解が示した記事[230]が掲載されている。同記事の著者は、1986年の著書[231]においても次のように述べている。

> ……なによりも公立図書館は自治体が設置する、住民自らのものであって、その質を高めるために法律の力を借りようとする中央集権的な発想を、私は

---

227) 森耕一 1981 前掲 194)
228) 森耕一「公共図書館界（1967年・回顧と展望）」『図書館雑誌』Vol.61, No.12, 1967.12, p.514-515.
229) 是枝英子他編 1995 前掲 198)
230) 森耕一 1967.12 前掲 228)
231) 森耕一『公立図書館の歴史と現在』日本図書館協会, 1986.

とりたくない。法律は最低限のことを決めているものと、私は考えている。

1980年の『図書館白書』[232]にも、上記「定番の物語」が再現されている。そして、この白書でも、「図書館発展の決め手として、国の図書館政策の転換……に…目を注」ぐ態度が強く戒められている。「図書館発展の真の方策は、図書館自体のサービスの転換とそれによって引き起こされる市民の図書館要求にあること」は「明らか」であるという。のみならず、「このことは……大前提として決して忘れてはならない教訓である」とまで書かれている。国の法や政策を変えようとするのではなく——たとえ後ろ盾となる有力者がいなくとも——各地域の「図書館自体」が「館友自體の努力をもって」「市民の図書館要求」を「引き起こ」し、それぞれの地域で「強く働きかけ」よというわけである。

一方、同年の『出版年鑑』にも記録[233]されているように、当時においては、「国レベルでの図書館についての動きが、図書館員の思惑とは無関係に始ま」っていた。1978年5月に「図書および図書館に関心を有する衆参両院議員255名による超党派のグループ」[234]により図書議員連盟が結成され、その後、全館種の図書館を対象とした法律を制定すべく、検討委員会が設けられていたのである。上記『出版年鑑』には、「図書議員連盟は……図書館界にとっては頼もしい応援団となってきている」と記されている。ところが、提案された法律案は、図書館関係者からの激しい反対にあい、またもや霧散してしまうことになったのである。

反対理由として担ぎ出されたのは、以前と同様、「中央集権的」という紋切り型の口上である。かつて中央図書館制度を槍玉に挙げるために繰り替えされた決まり文句が、今回は「コンピュータ」による情報管理を標的に、またもや登場するのである[235]。それだけではなく、「職員の研修の義務化は権利としての研修をうば」い、また、「図書館の義務設置は……国の統制を受けやすくする」として批判され

---

232)日本図書館協会編 1980 前掲 212)
233)出版年鑑編集部編『出版年鑑1980』出版ニュース社, 1980.
234)「図書議員連盟」日本図書館情報学会用語辞典編集委員会編『図書館情報学用語辞典 第4版』丸善出版, 2017, p.183.
235)「図書館事業基本法に反対する会結成集会」『図書館雑誌』Vol.76, No.6, 1982.6, p.327.

た。それらは、「住民や現場の図書館員たちの下からのつみかさねによる図書館振興を阻害するものとなる」ということであるらしい[236]。この出来事に関しても、その経緯や展開された議論など、詳細は別稿[237]に記している。

1990年には、「中央図書館制度……が憲法理念に抵触する」という極端な見解を記した論考[238]まで提出されている。この論考には、1950年代における図書館法「改正論者の見解に底流するものを一言でいえば、……憲法・教育基本法理念に対する無理解と、国家主義的図書館観であった」とまで記されている。図書館法「改正論者」「の見解はその理念においても制度においても、戦前からの図書館構想の地点に立ち戻っていた」というわけである。

この流れの中、規制力の乏しい「図書館法」も、むしろ、そのことが評価の対象となっていく。1995年の著書[239]には、図書館法から「中央図書館制や義務設置が消えさって、民主的な図書館思想が生まれた」と記されている。法に規制力がないからこそ、「下から」の要求に基づいた真に「民主的な」図書館を実現できるというわけである。2020年においてさえ、全国図書館大会第12分科会の基調講演の題目は、「規制力の乏しい図書館法が図書館活動の進展を支えた」となっている[240]。もちろん、こうした物語は当事者の主観に過ぎない。事実、先にも確認したように、この大会の2年後には、図書館問題研究会もまた、「やればできる」という主張に蓋をし、「このままの状態が続くと……」と泣訴することになるのである。

---

236) 図書館問題研究会常任委員会「『図書館事業基本法』についての見解」『みんなの図書館』No.61, 1982.6, p.58.
237) 薬師院仁志, 薬師院はるみ 2020 前掲 4)
238) 山口源治郎「1950年代における図書館法『改正』論争について：図書館法理念の担い手の問題を中心として」『図書館界』Vol.42, No.4, 1990.11, p.234-245.
239) 是枝英子他編 1995 前掲 198)
240) 座間直比「図書館の使命を問う：図書館法の原点から図書館振興を考える（第12分科会 図書館法制定70周年記念）」『図書館雑誌』Vol.115, No.2, 2021.2, p.83.

IV

どこでも、だれでも、どんな本でも、みんなの手に届くものにするために

　フランスと同様に日本でも、公共図書館は公的機構の一部として運営されている。その本来的な意義は、公共図書館を民主的な一票の力が及ぶ範囲に従属させることではないのだろうか。それはまた、私企業の論理に巻き込まれずに図書館サービスをすべての人に届けることができる仕組みを確保することではないのだろうか。そして、そもそも法制度は、そのために整備するものではないのだろうか。国の規制から逃れることと、圧政から逃れることを混同するべきではないと思う。
　日本の図書館に対しても、今から60年以上前には、法改正により規制力を確保しようとの動きがあった。しかしながら、この動きは、「住民路線」なる旗印を掲げる「若い図書館員の学習集団」を中心に阻止された。それから約20年後にも、図書館の設置義務や専門職員の必置等の規定を含む法律を創ろうとの動きがあった。しかし、この動きにしても、図書館関係者からの激しい非難を浴び、実現には至らなかった。日本の図書館界では、法規制や公権力への依存は反動的だと捉えられ、住民主導の図書館振興が理想とされてきた。住民運動を背景に公立図書館が活発化した諸事例が、一種の成功モデルとされてきた。しかしながら、そのモデルが一部のものの尽力や一時的な世論動向への依存ではなく、全国的で恒常的な次元で適用されるには、最低限の法的保護が不可欠なのである。
　「国・地方自治体の関与あるいは「公立」ということが、直ちに「公共性」の確保につながらないという」指摘が間違っているといいたいわけでは決してない。

少なくとも日本においては、「公立図書館の「公共性」を確保すべき責務を負う国・地方自治体自身が……逆に「公共性」を放棄する現象が見られる」ことも事実である[241]。実際、日本の公共図書館をめぐっては、この「現象」が、地方分権政策下においても顕著に認められた。

　日本においては、地方への権限移譲が財政的裏付けなしに強行され、各地方自治体では、公務員の削減を余儀なくされた。図書館に関しても、職員のさらなる非正規化が進められ、運営の全てを外部に委託するところまで現れた。「これまで措置されていた国の施策として、ほとんど唯一といってもよい施設補助金」も廃止された。しかしながら、本来、国による政策に責任を負うのは国であり、地方分権政策でもその点は変わらないはずであろう。地方分権政策は、単に地方に押し付けることではないと思う。

　実際、フランスでは、同じ地方分権という名目の下、日本とはまるで対照的な政策が推進されてきた。地方分権政策下、むしろそうであるからこそ、それを円滑に進めるための措置として、国による地方への積極的な支援がなされてきた。国と地方で互いに整合性を確保した職員制度も整えられた。地方分権政策が進められていく中で、だからこそ、国家と地方、そして異なる地域間での統一性や平等性を確保するための措置が講じられたということである。フランスでは、専門職としての図書館職制度が高度に確立しているといわれるが、現在、この制度は、明らかに地方分権政策下で創設された職階制に立脚している。

　一方、日本の場合、「国・地方自治体自身」によって「図書館の「企業社会」化が急速に進められ」、「企業における「減量経営」の手法・論理がストレートに持ち込まれた」とも指摘されている[242]。たしかに、現状はその通りであると思う。しかしながら、たとえそうであるにせよ、あるいは、むしろだからこそ、「住民路線」という名の下に、法制度の整備を放棄することは、「逆に」住民「自身が……「公共性」を放棄する」ことではないのだろうか。

---

241) 山口源治郎「公立図書館の課題：90年代から21世紀へ」『図書館界』Vol.45, No.1, 1993.5, p.8-17.
242) 山口源治郎 1993.5 同上）

というのも第一に、「住民路線」なるものは、その可能性を保証する制度的基盤がない限り、多くの自治体における「住民」にとっては非現実的なものとならざるを得ないからである。地方自治体レベルの図書館振興に期待を寄せるにしても、この期待は、誰もが持ち得るものとして、すべての自治体における全住民に開かれたものでなければならないということである。そして第二に、法的枠組を欠く図書館づくり運動は、地元自治体を相手にした一種の消費者要求のような形を取らざるを得ないからである。そうなると、この要求に応えることが、個々の図書館の設置やその生き残りのための課題だということになってしまう。のみならず、個々の図書館員が生き残るための課題にもなってしまう。

　実際、本稿でも確認したように、開館日数の増加や開館時間の延長を巡る経緯は、この迷走を象徴していた。その行き着いた先は、誰も望まなかった地点ではないのだろうか。相互競争の論理に巻き込まれると、自助努力と自己宣伝を通じた生き残りばかりが目的化してしまう。貸出率の向上も、開館日数の増加や開館時間の延長も、あるいは、近年、時流に乗る形で次々と持ち出されている新しい役割も、本来の目的から外れてしまい、生き残りの手段と化してしまう。その結果、「国をおおう図書館のサービス網」を築くことは二の次とならざるを得ず、図書館員の権利を訴えることなど、さらに後回しにせざるを得なくなる。休日や夜間労働を拒否することは、労働者としての正当な権利の主張ではなく、利己主義的で身勝手な要求と見做されてしまうことになるのである。例えば、日本の図書館員が、「日曜日には働きたくない」と訴えることなどできるだろうか。

　公共図書館は私企業ではない。公的機関に委ねられた、公共文化施設である。だから、公共図書館が果たすべき役割は、何もよりもまず、図書館サービスを公共のもの、すなわち、みんなの手に届くものにすることである。「みんなに本を」届けること、「どこでも・だれでも・どんな本でも」届けることは、公共の図書館が何よりもまず実現すべき役割である。だが、その役割を果たすため、労働者としての図書館員の権利が犠牲になってもよいわけではない。「一票」の担い手には、当然ながら図書館員も含まれているからである。フランスの「図書館をもっと開く」政策、及びそれをめぐる出来事は、日本の図書館関係者が直視してこなかった論

Ⅳ　どこでも、だれでも、どんな本でも、みんなの手に届くものにするために

点を思い起こさせるものである。

【著者紹介】

薬師院 はるみ（やくしいん・はるみ）

　金城学院大学文学部　教授（図書館学）
　博士（教育学、論文博士、京都大学）
　京都大学大学院教育学研究科博士後期課程生涯教育学講座（図書館情報学）研究指導認定退学、金城学院大学文学部専任講師、准教授を経て2014年より現職。著書に、『図書館・図書館研究を考える：知的自由・歴史・アメリカ』（共著、川崎良孝編、京都大学図書館情報学研究会、2001）、『図書館情報専門職のあり方とその養成』（共著、日本図書館情報学会研究委員会編、勉誠出版、2006）、『名古屋市の1区1館計画がたどった道：図書館先進地の誕生とその後』（八千代出版、2012）、『図書館制度・経営論：ライブラリー・マネジメントの現在』（共著、安藤友張編、ミネルヴァ書房、2013）、『フランスの公務員制度と官製不安定雇用：図書館職を中心に』（公人の友社、2019）、『公共図書館が消滅する日』（共著、牧野出版、2020）などがある。

公の図書館の日仏比較──公立が公共ではなくなるとき──

2025 年 4 月 10 日　第 1 版第 1 刷発行

　　著　者　　薬師院はるみ
　　発行人　　武内　英晴
　　発行所　　公人の友社
　　　　　　　〒 112-0002　東京都文京区小石川 5-26-8
　　　　　　　TEL 03-3811-5701　FAX 03-3811-5795
　　　　　　　e-mail: info@koujinnotomo.com
　　　　　　　http://koujinnotomo.com/
　　印刷所　　モリモト印刷株式会社

ISBN978-4-87555-922-1　C3030